LÉGISLATION HOSPITALIÈRE

RECUEIL

DES

LOIS, DÉCRETS, ORDONNANCES

CIRCULAIRES, INSTRUCTIONS

DÉCISIONS MINISTÉRIELLES

AVIS DU CONSEIL D'ÉTAT, ETC., ETC.

CONCERNANT

L'ADMINISTRATION DES HOSPICES & HOPITAUX

SUIVI D'UN

EXTRAIT DES CODES CIVIL ET FORESTIER ET D'UNE TABLE GÉNÉRALE DES MATIÈRES

PAR

AUGUSTE BARBAUX

SECRÉTAIRE-ARCHIVISTE DES HOSPICES DE BOULOGNE-SUR-MER

PARIS

G. JOUSSET, ÉDITEUR

IMPRIMEUR DE LA COMPTABILITÉ DES FINANCES ET DES TRAVAUX PUBLICS

8, rue de Furstenberg, 8

1886

PARIS.— IMPR. G. JOUSSET, 8, RUE DE FURSTENBERG

LÉGISLATION HOSPITALIÈRE

RECUEIL

DES

LOIS, DÉCRETS, ORDONNANCES

CIRCULAIRES, INSTRUCTIONS

DÉCISIONS MINISTÉRIELLES

AVIS DU CONSEIL D'ÉTAT, ETC., ETC.

CONCERNANT

L'ADMINISTRATION DES HOSPICES & HOPITAUX

SUIVI D'UN

EXTRAIT DES CODES CIVIL ET FORESTIER ET D'UNE TABLE GÉNÉRALE DES MATIÈRES

PAR

AUGUSTE BARBAUX

SECRÉTAIRE-ARCHIVISTE DES HOSPICES DE BOULOGNE-SUR-MER

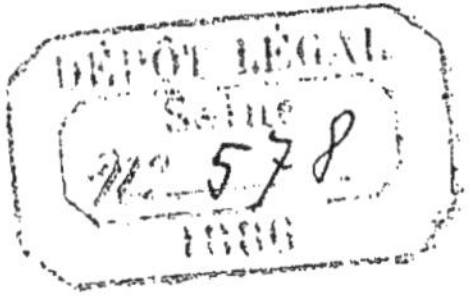

PARIS

G. JOUSSET, ÉDITEUR

IMPRIMEUR DE LA COMPTABILITÉ DES FINANCES ET DES TRAVAUX PUBLICS

8, Rue de Furstenberg, 8

1886

INTRODUCTION

> Si la nature s'appelle providence,
> la société doit s'appeler prévoyance.
>
> VICTOR HUGO.

Les administrateurs et les agents des hôpitaux et hospices, qui parfois ont péniblement passé de longues heures à compulser de volumineux codes, ne seraient-ils pas bien aises d'avoir sous la main un modeste recueil ne contenant que les lois et règlements *actuellement en vigueur?*

A cette question que s'est posée un jour l'auteur de ce livre, il a pensé qu'il devait être répondu : oui; et il s'est mis à l'œuvre.

Maintenant qu'il publie son travail, est-il nécessaire d'énumérer ici les qualités que peut avoir cet ouvrage et les défauts des recueils du même genre parus jusqu'à ce jour?

A quoi bon?

Ce livre a surtout le mérite d'être nouveau, de contenir toutes les lois actuellement en vigueur en ce qui concerne l'administration des établissements hospitaliers, et de ne contenir que cela. L'auteur a essayé d'éviter les défauts reprochés à ses devanciers, c'est tout ce qu'il peut dire. Quant à croire son travail parfait, il n'a pas cette présomption.

Mais sans être parfait, ce livre peut être utile; il facilitera, l'auteur en est convaincu, les travaux des hommes qui se consacrent à l'administration des établissements charitables.

On trouvera dans la *Partie principale* le texte de toutes les lois, ordonnances et décrets relatifs à l'administration, au contentieux et à la comptabilité des hospices.

La *Partie supplémentaire* contient l'analyse et, lorsque cela a paru nécessaire, le texte même des instructions, circulaires, décisions ministérielles, avis du conseil d'État, etc., dont l'usage n'est pas journalier, mais dont on a cependant quelquefois besoin.

Lois, décrets, circulaires, avis du conseil d'État, etc., sont classés dans l'ordre chronologique.

Puis, vient le complément indispensable de cet ouvrage : un extrait du *Code civil* et un extrait du *Code forestier.*

La table alphabétique des matières renvoie le lecteur aux Parties principale et supplémentaire et aux Codes civil et forestier.

Rendre les recherches faciles, voilà le but que l'auteur n'a pas un instant perdu de vue. Condenser en un petit volume la législation actuelle des hospices, noyée au milieu de nombreux recueils, voilà ce qu'il a voulu faire, ce qu'il a fait. Il espère qu'à l'aide de ce livre il sera possible de trouver très promptement tous les renseignements dont les administrations hospitalières peuvent avoir besoin.

Juillet 1885.

PARTIE PRINCIPALE

1790

10 SEPTEMBRE. — *Décret qui met à la charge des municipalités et des départements les dépenses des hospices,* etc., etc.

ART. 7. Les secours accordés à des paroisses particulières, hôpitaux, hospices, Hôtels-Dieu, hôpitaux d'enfants trouvés, ne seront plus fournis par le trésor public, à compter du 1er janvier 1791; il sera pourvu à leurs besoins par les municipalités et les départements respectifs.

AN II

24 VENDÉMIAIRE. — *Décret relatif à l'extinction de la mendicité.*

TITRE V. — DU DOMICILE DE SECOURS.

ARTICLE PREMIER. Le domicile de secours est le lieu où l'homme nécessiteux a droit aux secours publics.

ART. 2. Le lieu de la naissance est le lieu naturel du domicile de secours.

ART. 3. Le lieu de naissance pour les enfants est le domicile habituel de la mère au moment où ils sont nés.

ART. 4. Pour acquérir le domicile de secours, il faut un séjour d'un an dans une commune.

ART. 5. Le séjour ne comptera, pour l'avenir, que du jour de l'inscription au greffe de la municipalité.

ART. 6. La municipalité pourra refuser le domicile de secours, si le domicilié n'est pas pourvu d'un passeport et certificats qui constateront qu'il n'est point homme sans aveu.

ART. 7. Jusqu'à l'âge de vingt et un ans, tout citoyen pourra réclamer, sans formalité, le droit de domicile de secours, dans le lieu de sa naissance.

ART. 8. Après l'âge de vingt et un ans, il sera astreint à un séjour de six mois avant d'obtenir le droit de domicile, et à se conformer aux formes prescrites aux articles 4, 5 et 6.

ART. 9. Celui qui quittera son domicile pour en acquérir un second sera tenu aux mêmes formalités que pour le premier.

Art. 10. Il en sera de même pour celui qui, après avoir quitté un domicile, voudra y revenir.

Art. 11. Nul ne pourra exercer en même temps, dans deux communes, le droit de domicile de secours.

Art. 12. On sera censé conserver son dernier domicile tant que le délai exigé pour le nouveau ne sera pas échu, pourvu qu'on ait été exact à se faire inscrire au greffe de la nouvelle municipalité.

Art. 13. Ceux qui se marieront dans une commune et qui l'habiteront pendant six mois acquerront le droit de domicile de secours.

Art. 14. Ceux qui auront resté deux ans dans la même commune, en louant leurs services à un ou plusieurs particuliers, obtiendront le même droit.

Art. 15. Tout soldat qui aura combattu un temps quelconque pour la liberté, avec des certificats honorables, jouira de suite du droit de domicile de secours dans le lieu où il voudra se fixer.

Art. 16. Tout vieillard âgé de soixante-dix ans, sans avoir acquis de domicile, ou reconnu infirme avant cette époque, recevra les secours de stricte nécessité, dans l'hospice le plus voisin.

Art. 17. Celui qui, dans l'intervalle du délai prescrit pour acquérir le domicile de secours, se trouvera, par quelque infirmité, suite de son travail, hors d'état de gagner sa vie, sera reçu à tout âge dans l'hospice le plus voisin.

Art. 18. Tout malade domicilié de droit ou non, qui sera sans ressources, sera secouru, ou à son domicile de fait, ou dans l'hospice le plus voisin.

AN IV

10 vendémiaire. — *Décret sur l'organisation du ministère.*

Art. 4. *Attributions du ministre de l'intérieur.* Les hôpitaux civils, les établissements et ateliers de charité, etc.

AN V

23 brumaire. — *Arrêté qui prescrit le mode de perception et l'emploi des revenus des hôpitaux situés dans une même commune.*

Les revenus des hôpitaux civils situés dans une même commune ou qui lui sont particulièrement affectés, seront, conformément à la loi du 16 vendémiaire, perçus par un seul et même receveur, et indistinctement employés à la dépense de ces établissements, de laquelle il sera néanmoins tenu des états distincts et séparés.

30 VENTÔSE. — *Arrêté concernant la manière d'élever et d'instruire les enfants abandonnés.*

ARTICLE PREMIER. Les enfants abandonnés et désignés par la loi du 27 frimaire an V, ne seront point conservés dans les hospices où ils auront été déposés, excepté le cas de maladie ou accidents graves qui en empêchent le transport : ce premier asile ne devant être considéré que comme un dépôt, en attendant que ces enfants puissent être placés, suivant leur âge, chez des nourrices ou mis en pension chez des particuliers.

ART. 2. Les commissions administratives des hospices civils dans lesquels seront conduits des enfants abandonnés sont spécialement chargées de les placer chez des nourrices ou autres habitants des campagnes, et de pourvoir, en attendant, à tous leurs besoins, sous la surveillance des autorités dont elles dépendent.

ART. 3. Les enfants placés dans les campagnes ne pourront jamais être ramenés dans les hospices civils, à moins qu'ils ne soient estropiés ou attaqués de maladies particulières qui les excluent de la société ou les rendent inhabiles à se livrer à des travaux qui exigent de la force et de l'adresse.

ART. 4. Les nourrices et autres habitants des campagnes pourront conserver jusqu'à l'âge de douze ans les enfants qui leur auront été confiés : à la charge par eux de les nourrir et entretenir convenablement, aux prix et conditions qui seront déterminés d'après les dispositions de l'article 9 ci-après, et de les envoyer aux écoles primaires pour y participer à l'instruction donnée aux autres enfants de la commune ou du canton.

ART. 5. Si les nourrices ou autres personnes chargées d'enfants abandonnés refusent de continuer à les élever jusqu'à l'âge de douze ans, les commissions des hospices civils qui leur ont confié ces enfants seront tenues de les placer ailleurs, conformément aux dispositions précédentes.

ART. 6. Le commissaire du directoire exécutif près l'administration municipale du canton dans l'arrondissement duquel résideront des nourrices ou autres habitants chargés d'enfants abandonnés, surveillera l'exécution des dispositions portées en l'article 4 ; à l'effet de quoi, les commissions administratives des hospices civils lui remettront une liste des enfants où seront inscrits leurs noms et prénoms, celui des nourrices et autres habitants, et le lieu de leur domicile.

ART. 7. Les nourrices et autres habitants chargés d'enfants abandonnés seront tenus de représenter, tous les trois mois, les enfants qui leur auront été confiés à l'agent de leur commune, qui certifiera que ces enfants ont été traités avec humanité, et qu'ils sont instruits et élevés conformément aux dispositions du présent règlement. — Ils seront, en outre, tenus de les représenter à la première réquisition du commissaire du directoire exécutif près l'administration municipale du canton, ou des autorités auxquelles leur tutelle est déléguée par la loi, soit enfin de la commission des hôpitaux civils qui les aura placés.

Art. 8. Les nourrices et autres personnes qui représenteront les certificats mentionnés dans l'article précédent recevront, outre le prix des mois de nourrice, et suivant l'usage, pendant les neuf premiers mois de la vie des enfants, une indemnité de dix-huit francs, payable par tiers de trois mois en trois mois. — Ceux qui auront conservé des enfants jusqu'à l'âge de douze ans, et qui les auront préservés jusqu'à cet âge d'accidents provenant de défaut de soins, recevront, à cette époque, une indemnité de cinquante francs, à la charge par eux de rapporter un certificat, ainsi qu'il est dit article 7.

Art. 9. Les localités admettant des différences dans la rétribution annuelle qu'il convient d'accorder aux nourrices ou aux autres citoyens chargés d'enfants abandonnés, chaque administration centrale de département proposera à l'approbation du ministre de l'intérieur, et pour son arrondissement seulement, une fixation générale du prix des mois de nourrice pour le premier âge, du prix de la pension pour les seconde et troisième années, ainsi que pour les années subséquentes jusqu'à l'âge de sept ans, et finalement celle depuis sept ans jusqu'à douze : les prix devront être gradués sur les services que les enfants peuvent rendre dans les différents âges de leur vie ; la fixation proposée sera provisoirement exécutée.

Art. 10. Les commissions des hospices civils pourvoiront, pour les enfants confiés à des nourrices ou à d'autres habitants des campagnes, au paiement des prix déterminés par la fixation approuvée pour les départements dans l'arrondissement desquels ces enfants seront placés, ainsi qu'aux indemnités déterminées par l'article 8, sur le produit des revenus appartenant aux établissements dans lesquels ces enfants auront été primitivement conduits, et spécialement affectés à la dépense des enfants abandonnés.

Art. 11. Dans le cas où ces établissements ne se trouveraient pas suffisamment dotés, ou ne jouiraient d'aucun des revenus affectés à ces dépenses, les fonds nécessaires seront avancés par la caisse générale des hospices civils sur les ordonnances des commissions administratives, qui en seront remboursées par le ministre de l'intérieur, conformément à la loi du 27 frimaire an V, à la charge par elles de remplir les formalités prescrites par les lois et les instructions antérieurs.

Art. 12. Le prix des layettes sera fixé, sur l'avis des commissions administratives des hospices civils, par les administrations municipales auxquelles elles sont subordonnées : ce prix sera acquitté suivant et conformément aux articles précédents.

Art. 13. Les enfants âgés de douze ans révolus, qui ne seront pas conservés par les nourrices et autres habitants auxquels ils auront été d'abord confiés, seront placés chez des cultivateurs, artistes ou manufacturiers, où ils resteront jusqu'à leur majorité, sous la surveillance du commissaire du directoire exécutif près l'administration principale du canton, pour y apprendre un métier ou profession conformément à leur goût et à leurs facultés, à l'effet de quoi, les commissions des hospices civils, sous la surveillance et approbation des autorités constituées auxquelles elles sont subordonnées, feront des transactions particulières avec ceux qui s'en chargeront. Pourront également ces commissions, sous l'approbation des mêmes autorités, faire des engagements ou traités avec les capitaines des navires dans les ports de mer de la république, lorsque les enfants manifesteront le désir de s'attacher au service maritime.

Art. 14. Les nourrices et autres habitants qui auront élevé jusqu'à douze ans les enfants qui leur auront été confiés pourront les conserver préférablement à tous autres, en se chargeant néanmoins de leur faire apprendre un métier ou de les appliquer aux travaux de l'agriculture, et en se conformant aux dispositions des articles 6, 7 et 8 du présent règlement.

Art. 15. Les cultivateurs ou manufacturiers chez lesquels seront placés des enfants ayant atteint l'âge de douze ans, ou ceux qui, les ayant élevés jusqu'à cet âge, les conserveraient aux conditions portées en l'article précédent, recevront une somme de cinquante francs pour être employée à procurer à ces enfants les vêtements qui leur seront nécessaires.

Art. 16. Les dépenses résultant des dispositions des articles 13, 14 et 15 seront acquittées suivant et conformément aux dispositions déterminées par les articles 10 et 11 du présent règlement.

Art. 17. Les enfants qui, par leur inconduite ou la manifestation de quelques inclinations vicieuses, seraient reconduits dans les hospices, ne pourront être confondus avec ceux qui y auront été déposés comme orphelins appartenant à des familles indigentes : ils seront au contraire placés seuls dans un local particulier, et les commissions des hospices prendront les mesures convenables pour les ramener à leur devoir, en attendant qu'elles puissent les rendre à leurs maîtres ou les placer ailleurs.

Art. 18. Les commissions des hospices civils qui auront placé les enfants abandonnés déposés dans les établissements confiés à leur administration en surveilleront l'éducation morale, conjointement avec les membres de l'administration municipale du canton où sont situés ces établissements et auxquels est confiée la tutelle de ces enfants par la loi du 27 frimaire.

AN VI

4 vendémiaire. — *Loi relative à la garde des détenus.*

Art. 16. Dans le cas où la translation dans les hospices de santé sera reconnue nécessaire, il sera pourvu dans les hospices à la garde des détenus ou prisonniers, à la diligence de ceux qui auront autorisé et consenti la translation.

AN VII

3 frimaire. — *Loi relative à la contribution foncière.*

Art. 110. Les hospices et autres établissements publics acquitteront la contribution assise sur leurs propriétés foncières de toute nature, en principal et centimes additionnels.

4 FRIMAIRE. — *Loi sur la contribution des portes et fenêtres.*

ART. 5. Ne sont pas soumises à la contribution établie présentement, les portes et fenêtres servant à éclairer ou à aérer les granges, etc....., ne sont pas également soumises à ladite contribution les portes et les fenêtres des bâtiments employés à un service public civil, militaire ou d'instruction, ou aux hospices. Néanmoins, si lesdits bâtiments sont occupés en partie par des citoyens auxquels la République ne doit pas de logements d'après les lois existantes, lesdits citoyens seront soumis à ladite contribution, à concurrence des parties desdits bâtiments qu'ils occuperont.

16 MESSIDOR. — *Loi relative à l'administration des hospices civils.*

ART. 6. Les commissions sont exclusivement chargées de la gestion des biens, de l'administration intérieure, de l'admission et du renvoi des indigents.

ART. 8. Tout marché pour fourniture d'aliments ou autres objets nécessaires aux hospices civils sera adjugé au rabais dans une séance publique de la commission, en présence de la majorité des membres, après affiches mises un mois avant la publication, à peine de nullité. L'adjudicataire fournira le cautionnement qui sera déterminé dans le cahier des charges. Le marché n'aura son exécution qu'après avoir été approuvé par l'autorité qui a la surveillance immédiate.

ART. 10. Tout arrêté pris par les commissions sera adressé, dans la décade, à l'administration exerçant la surveillance immédiate.

ART. 11. Ceux relatifs à la partie du service journalier auront leur exécution provisoire.

ART. 12. L'administration qui a la surveillance immédiate statuera sur tous les arrêtés soumis à son approbation, dans le délai de deux mois.

ART. 13. Le directoire fera introduire dans les hospices des travaux convenables à l'âge et aux infirmités de ceux qui y sont entretenus.

ART. 14 Les deux tiers du produit du travail seront versés dans la caisse des hospices ; le tiers restant sera remis en entier aux indigents, soit chaque décadi, soit à la sortie, suivant les règlements qui seront faits par les commissions administratives.

ART. 16. Sur la demande des administrations centrales, le directoire exécutif proposera au corps législatif les réunions d'hospices dans les lieux où il y en aurait plusieurs, et lorsque l'utilité en sera reconnue.

AN VIII

24 THERMIDOR. — *Arrêté qui prescrit de recevoir les militaires malades dans les hospices civils, lorsqu'il n'y a pas d'hôpitaux militaires dans la commune.*

ART. 9. Dans les communes où il n'y a pas d'hôpitaux pour les militaires, ils seront reçus dans les hospices civils.

Art. 97. Dans les places de guerre et dans les villes de l'intérieur où il n'y a point d'hôpital militaire, le soldat sera reçu et traité dans les hospices civils, aux conditions qui seront réglées entre les administrateurs de ces établissements et le département de la guerre.

AN IX

7 germinal. — *Arrêté relatif aux baux à longues années* (1).

Article premier. Aucun bien rural appartenant aux hospices, aux établissements d'instruction publique, aux communautés d'habitants, ne pourra être concédé à bail à longues années qu'en vertu d'arrêté spécial des consuls.

Art. 2. Pour obtenir des autorisations de ce genre, il sera nécessaire de produire les pièces suivantes : 1° la délibération de la commission des hospices, de l'administration immédiatement chargée des biens consacrés à l'instruction publique, ou du conseil municipal pour les biens communaux, portant que la concession à longues années est utile ou nécessaire ; 2° une information *de commodo et incommodo* faite dans les formes accoutumées, en vertu d'ordres du sous-préfet ; 3° l'avis du conseil municipal du lieu où est situé l'établissement dont dépendent les biens d'hospices ou d'instruction publique ; 4° l'avis du sous-préfet de l'arrondissement ; 5° l'avis du préfet du département.

Art. 3. Le ministre de l'intérieur fera ensuite son rapport aux consuls, qui, le conseil d'État entendu, accorderont l'autorisation s'il y a lieu.

7 messidor. — *Arrêté relatif aux rentes et domaines nationaux affectés aux hospices* (2).

Art. 15. Pourra le comité consultatif, pour les cas qui le permettront, transiger sur tous les droits litigieux. — Les transactions recevront leur exécution provisoire ; mais elles ne seront définitives et irrévocables qu'après avoir été approuvées par le gouvernement, à l'effet de quoi elles seront transmises au ministre de l'intérieur, revêtues de l'avis des préfets et sous-préfets.

AN X

18 germinal. — *Loi sur l'organisation du culte. — Extrait.* (*Les hospices ne peuvent élever de chapelle sans l'autorisation du gouvernement.*)

Art. 44. Les chapelles domestiques, les oratoires particuliers, ne pourront être établis sans une permission expresse du gouvernement, accordée sur la demande de l'évêque.

(1) Voir *Infr.* loi du 25 mai 1835 et Partie supplémentaire : Circulaire du 3 floréal an IX.
(2) Voir Partie supplémentaire : Circulaire du 26 septembre 1832.

AN XI

14 VENTÔSE. — *Arrêté relatif aux formalités à remplir pour les baux des biens des pauvres et des hospices à l'égard desquels les commissions administratives ont consenti à une résiliation ou une modération de prix.*

La résiliation ou la modération du prix des baux des biens des pauvres et des hospices, consenties par les commissions administratives des hospices ou par les bureaux de bienfaisance, n'auront leur effet qu'en remplissant les formalités prescrites par l'arrêté du 7 germinal an IX sur les baux à longues années.

5 PRAIRIAL. — *Arrêté du ministre de l'intérieur qui autorise les troncs et les quêtes au profit des établissements de bienfaisance.*

LE MINISTRE DE L'INTÉRIEUR AUX PRÉFETS.

Le ministre de l'intérieur, vu l'article 8 de la loi du 7 frimaire an V (27 novembre 1796), arrête ce qui suit :

ARTICLE PREMIER. Les administrateurs des hospices et des bureaux de bienfaisance organisés dans chaque arrondissement sont autorisés à faire quêter dans tous les temples consacrés à l'exercice des cérémonies religieuses, et à confier la quête, soit aux filles de la charité vouées aux services des pauvres et des malades, soit à telles autres dames charitables qu'ils jugeront convenable.

ART. 2. Ils sont pareillement autorisés à faire poser dans les temples, ainsi que dans les édifices affectés à la tenue des séances des corps civils, militaires et judiciaires, dans tous les établissements d'humanité, auprès des caisses publiques, et dans tous les autres lieux où l'on peut être excité à faire la charité, des troncs destinés à recevoir les aumônes et les dons que la bienfaisance individuelle voudrait y déposer.

ART. 3. Tous les trois mois, les bureaux de charité feront aussi procéder, dans leurs arrondissements respectifs, à des collectes.

ART. 4. Le produit des quêtes, des troncs et des collectes sera réuni dans la caisse de ces institutions, et employé à leurs besoins, suivant et conformément aux lois. Les préfets en transmettront l'état, tous les trois mois, au ministre de l'intérieur.

ART. 5. Dans les arrondissements où l'établissement des bureaux de bienfaisance et des bureaux auxiliaires n'a point encore eu lieu, les préfets, conformément aux instructions du 28 vendémiaire an X (20 octobre 1801), s'occuperont, sans délai, de leur organisation, et soumettront à la confirmation du ministre les arrêtés qu'ils croiront devoir prendre.

ART. 6. Les préfets sont respectivement chargés d'assurer l'exécution de ces dispositions et d'en rendre compte.

11 FRUCTIDOR. — *Arrêté relatif au traitement des ecclésiastiques attachés aux établissements d'humanité* (1).

ARTICLE PREMIER. Le traitement des vicaires, chapelains et aumôniers attachés à l'exercice du culte dans les établissements d'humanité, ensemble les frais du culte dans ces établissements, seront réglés par les préfets, sur la proposition des commissions et l'avis des sous-préfets.

ART. 2. Les arrêtés pris par les préfets ne seront exécutés qu'après avoir été soumis à l'approbation du ministre de l'intérieur.

27 FRUCTIDOR. — *Circulaire qui envoie l'arrêté du* 11 *du même mois.*

LE MINISTRE DE L'INTÉRIEUR AUX PRÉFETS.

Le gouvernement, en prenant cet arrêté, a voulu que l'autorité surveillante, en assurant aux desservants un traitement convenable, puisse obvier à ce que cette partie de dépense n'affaiblisse, dans des proportions trop élevées, ce qui doit plus spécialement être employé à l'entretien des pauvres et des malades et à l'amélioration de leur sort. Veuillez prendre des mesures pour que ses intentions soient remplies. Dans tous les cas, vous ne perdrez pas de vue qu'en fixant le traitement et les frais du culte dans les oratoires à maintenir ou à rétablir dans les hospices, et en affectant leur paiement sur les revenus généraux de ces établissements, il convient que tout le casuel qui proviendra de l'exercice du culte tourne exclusivement au profit des pauvres, et se confonde avec la masse générale de leurs revenus. Vous ne perdrez pas de vue non plus que, des legs et donations n'étant faits souvent à ces établissements qu'à la charge de faire dire des messes ou de remplir quelques autres œuvres pies, il importe que les arrêtés que vous aurez à me soumettre en exécution de celui du gouvernement du 11 de ce mois imposent aussi, par une disposition spéciale, aux aumôniers, chapelains et desservants l'obligation d'exécuter les fondations de cette nature.

Il convient également de faire connaître aux commissions qu'il ne peut être question de fixation de traitement et de frais de culte que quand elles ont obtenu, pour le maintien ou le rétablissement de l'exercice du culte dans les hospices, les permissions voulues par la loi du 18 germinal an X (8 avril 1802); et comme le mode à suivre pour ce rétablissement a donné lieu à quelques questions sur lesquelles il importe de fixer la marche à tenir par les autorités administratives, vous aurez soin de rappeler aux commissions :

1° Que la loi du 18 germinal an X ne reconnaît, pour l'exercice du culte catholique, que des cures et succursales, au nombre que les besoins peuvent exiger ;

2° Que des chapelles domestiques ou des oratoires particuliers peuvent être également établis ;

3° Que, quel que soit celui de ces rapports sous lequel on puisse demander le rétablissement du culte dans les hospices, il y a, dans tous, nécessité de recourir à l'intervention de l'évêque et à l'autorité du gouvernement ;

(1) Voir la circulaire ci-dessous qui accompagne cet arrêté.

4° Que si c'est comme paroisse que le culte catholique doit s'exercer dans un hospice, l'érection en paroisse et la nomination du curé ne peuvent avoir lieu que conformément aux dispositions prescrites par les articles 19, 61 et 62 de la loi précitée du 18 germinal an X;

5° Que si c'est à titre de succursale, les articles 61 et 62 de cette loi doivent également être observés pour l'érection; et que, quant à la nomination du prêtre desservant, l'article 63, qui en attribue la nomination à l'évêque, doit aussi servir de règle aux commissions administratives des hospices;

6° Que si ces commissions ne désirent, au contraire, maintenir ou rétablir l'exercice du culte que sous le rapport de chapelles domestiques ou d'oratoires particuliers, ce qui est plus conforme à l'ordre et à la police intérieure de ces établissements, et a déjà été, pour plusieurs, adopté par le gouvernement, c'est dans les dispositions de l'article 44 qu'elles doivent puiser la règle de leur conduite; qu'aux termes de cet article, les chapelles domestiques ou les oratoires particuliers ne peuvent être établis sans la permission du gouvernement; que c'est aux évêques qu'il appartient de la requérir, et que la marche des commissions, en ce cas, consiste à transmettre leurs demandes à ces prélats par l'intermédiaire des préfets.

Veuillez prescrire aux administrateurs des hôpitaux de votre département de faire de ces instructions la règle invariable de leur conduite pour ce qui concerne l'exercice du culte dans ces établissements. Vous en ferez également l'application aux prisons, maisons de détention et dépôts de mendicité.

AN XII

19 VENDÉMIAIRE. — *Arrêté relatif aux poursuites à exercer par les receveurs des hospices pour le recouvrement des revenus de ces établissements.*

ARTICLE PREMIER. Les receveurs des communes et les receveurs des hôpitaux, bureaux de charité, maisons de secours et autres établissements de bienfaisance, sous quelque dénomination qu'ils soient connus, seront tenus de faire, sous leur responsabilité respective, toutes les diligences nécessaires pour la recette et la perception des dits revenus, et pour le recouvrement des legs et donations, et autres ressources affectées au service de ces établissements; de faire faire, contre tous les débiteurs en retard de payer, et à la requête de l'administration à laquelle ils sont attachés, les exploits, significations, poursuites et commandements nécessaires; d'avertir les administrateurs de l'échéance des baux; d'empêcher les prescriptions; de veiller à la conservation des domaines, droits, privilèges et hypothèques, de requérir à cet effet l'inscription au bureau des hypothèques, de tous les titres qui en sont susceptibles, et de tenir registre desdites inscriptions, et autres poursuites et diligences.

ART. 2. Pour faciliter aux receveurs l'exécution des obligations qui leur sont imposées par l'article précédent, ils pourront se faire délivrer par l'administration dont ils dépendent une expédition en forme de tous les contrats, titres nouvels, déclarations, baux, jugements, et autres actes concernant les domaines, dont la perception leur est confiée, ou se faire remettre par tous dépositaires lesdits titres et actes, sous leur récépissé.

Art. 3. On fixera, dans le délai de trois mois et dans les formes établies, la somme qui devra être allouée à chaque comptable pour le travail dont il est chargé, et la responsabilité qui lui est imposée par le présent arrêté.

Art. 4. Chaque mois, les administrateurs s'assurent des diligences des receveurs par la vérification de leurs registres.

Art. 5. Seront au surplus lesdits receveurs soumis aux dispositions des lois relatives aux comptables des deniers publics et à leur responsabiliié.

9 frimaire (1). — *Arrêté concernant le service de santé dans les salles militaires des hospices civils. — Extrait.*

Art. 17. Il sera attaché un médecin militaire aux salles militaires des hospices civils qui reçoivent habituellement le plus de militaires malades.

Art. 18. Dans les hospices civils dont les salles militaires ne pourraient être desservies par le chirurgien des corps, attendu la quantité de malades qu'elles contiendraient et le petit nombre de chirurgiens de la garnison et de l'arrondissement, les commissions des hospices seront tenues d'entretenir à leurs frais le nombre d'aides-chirurgiens que comporterait l'étendue de l'établissement sur le pied et sous les rapports militaires. — Lorsque, par quelque circonstance que ce soit, aucun chirurgien militaire ne pourra donner de soins aux militaires malades dans les salles militaires des hospices civils, les commissions administratives seront tenues d'en faire faire le service par les médecins et chirurgiens de leurs établissements.

Art. 19. Les salles militaires des hospices civils seront assujetties à la même police et à la même surveillance que les hôpitaux militaires. Le régime et le service y seront les mêmes que dans les hôpitaux militaires.

4 pluviôse. — *Arrêté concernant les acceptations de legs faits aux hospices et aux pauvres* (2).

Article premier. Les commissions administratives des hôpitaux et les administrateurs des bureaux de bienfaisance pourront accepter et employer à leurs besoins, comme recette ordinaire, sur la simple autorisation des sous-préfets, et sans qu'il soit désormais besoin d'un arrêté spécial du gouvernement, les dons et legs qui leur seront faits par actes entre-vifs ou de dernière volonté, soit en argent, soit en meubles, soit en denrées, lorsque leur valeur n'excédera pas trois cents francs de capital, et qu'ils seront faits à titre gratuit.

Art. 2. Conformément aux anciens règlements constitutifs de l'adminis-

(1) Voir loi du 7 juillet 1877.
(2) Voir article 910 du Code civil.

tration des hospices, les notaires et autres officiers ministériels appelés pour la rédaction des donations et actes testamentaires auront soin de donner avis aux administrateurs des dispositions qui seront faites en leur faveur.

Art. 4. En attendant l'acceptation des legs excédant trois cents francs, les receveurs des pauvres et des hospices, sur la remise des testaments, feront tous les actes conservatoires qui seront jugés nécssaires.

23 prairial. — *Décret sur les sépultures.*

Article premier. Aucune inhumation n'aura lieu dans les églises, temples, synagogues, hôpitaux, chapelles publiques, et généralement dans aucun des édifices clos et fermés où les citoyens se réunissent pour la célébration de leurs cultes, ni dans l'enceinte des villes et bourgs.

Art. 13. Les maires pourront également, sur l'avis des administrations des hôpitaux, permettre que l'on construise, dans l'enceinte de ces hôpitaux, des monuments pour les fondateurs et bienfaiteurs de ces établissements, lorsqu'ils en auront déposé le désir dans leurs actes de donation, de fondation ou de dernière volonté.

11 thermidor. — *Décret sur les mainlevées d'oppositions formées pour la conservation des droits des pauvres et des hospices.*

Les receveurs des établissements de charité ne pourront, dans les cas où elle ne serait point ordonnancée par les tribunaux, donner mainlevée des oppositions formées pour la conservation des droits des pauvres et des hospices, ni consentir aucune radiation, changement ou limitation d'inscriptions hypothécaires, qu'en vertu d'une décision spéciale du conseil de préfecture, prise sur une proposition formelle de l'administration et l'avis du comité consultatif établi près de chaque arrondissement communal, en exécution de l'arrêté du 7 messidor an IX.

AN XIII

15 pluviôse. — *Loi relative à la tutelle des enfants admis dans les hospices.*

Article premier. Les enfants admis dans les hospices, à quelque titre et sous quelque dénomination que ce soit, seront sous la tutelle des commissions administratives de ces maisons, lesquelles désigneront un de leurs membres pour exercer, le cas advenant, les fonctions de tuteur, et les autres formeront le conseil de tutelle.

Art. 2. Quand l'enfant sortira de l'hospice pour être placé comme ouvrier, serviteur ou apprenti, dans un lieu éloigné de l'hospice où il avait été placé d'abord, la commission de cet hospice pourra, par un simple acte administratif, visé du préfet ou du sous-préfet, déférer la tutelle à la commission administrative de l'hospice du lieu le plus voisin de la résidence actuelle de l'enfant.

ART. 3. La tutelle des enfants admis dans les hospices durera jusqu'à leur majorité ou émancipation par mariage ou autrement.

ART. 4. Les commissions administratives des hospices jouiront, relativement à l'émancipation des mineurs qui sont sous leur tutelle, des droits attribués aux pères et mères par le Code civil. — L'émancipation sera faite, sur l'avis des membres de la commission administrative, par celui d'entre eux qui aura été désigné tuteur, et qui seul sera tenu de comparaître à cet effet devant le juge de paix. — L'acte d'émancipation sera délivré sans autres frais que ceux d'enregistrement et de papier timbré.

ART. 5. Si les enfants admis dans les hospices ont des biens, le receveur de l'hospice remplira, à cet égard, les mêmes fonctions que pour les biens des hospices. — Toutefois les biens des administrateurs-tuteurs ne pourront, à raison de leurs fonctions, être passibles d'aucune hypothèque. La garantie de la tutelle résidera dans le cautionnement du receveur chargé de la manutention des deniers et de la gestion des biens. — En cas d'émancipation, il remplira les fonctions de curateur.

ART. 6. Les capitaux qui appartiendront ou écherront aux enfants admis dans les hospices seront placés dans les monts-de-piété ; dans les communes où il n'y aura pas de mont-de-piété, ces capitaux seront placés à la Caisse d'amortissement, pourvu que chaque somme ne soit pas au-dessous de cent cinquante francs ; auquel cas il en sera disposé selon que réglera la commission administrative.

ART. 7. Les revenus des biens et capitaux appartenant aux enfants admis dans les hospices seront perçus, jusqu'à leur sortie desdits hospices, à titre d'indemnité des frais de leur nourriture et entretien.

ART. 8. Si l'enfant décède avant sa sortie de l'hospice, son émancipation ou sa majorité, et qu'aucun héritier ne se présente, ses biens appartiendront en propriété à l'hospice, lequel en pourra être envoyé en possession, à la diligence du receveur et sur les conclusions du ministère public. — S'il se présente ensuite des héritiers, ils ne pourront répéter les fruits que du jour de la demande.

ART. 9. Les héritiers qui se présenteront pour recueillir la succession d'un enfant décédé avant sa sortie de l'hospice, son émancipation ou sa majorité, seront tenus d'indemniser l'hospice des aliments fournis et dépenses faites pour l'enfant décédé, pendant le temps qu'il sera resté à la charge de l'administration ; sauf à faire entrer en compensation, jusqu'à due concurrence, les revenus perçus par l'hospice.

4 MESSIDOR. — *Décret qui ordonne la communication des registres des communes et des établissements publics aux préposés de l'enregistrement.*

ARTICLE PREMIER. Les receveurs des droits et revenus des communes, et de tous autres établissements publics, les dépositaires des registres et minutes d'actes concernant l'administration des biens des hospices, fabriques des églises, chapitres, et de tous autres établissements publics, sont tenus de communiquer, sans déplacer, à toute réquisition, aux préposés de l'enregistrement, leurs registres et minutes d'actes, à l'effet, par lesdits préposés, de s'assurer de l'exécution des lois sur le timbre et l'enregistrement.

1807

12 Aout. — *Décret concernant les baux à ferme des hospices* (1).

Article premier. A compter de la publication du présent décret, les baux à ferme des hospices et autres établissements publics de bienfaisance ou d'instruction publique, pour la durée ordinaire, seront faits aux enchères, par-devant un notaire qui sera désigné par le préfet du département, et le droit d'hypothèque sur tous les biens du preneur y sera stipulé par la désignation, conformément au Code civil.

Art. 2. Le cahier des charges de l'adjudication et de la jouissance sera préalablement dressé par la commission administrative, le bureau de bienfaisance ou le bureau de l'administration, selon la nature de l'établissement. Le sous-préfet donnera son avis, et le préfet approuvera ou modifiera ledit cahier des charges.

Art. 3. Les affiches pour l'adjudication seront apposées dans les formes et aux termes déjà indiqués par les lois et règlements; et en outre, leur extrait sera inséré dans le journal du lieu de la situation de l'établissement, ou, à défaut, dans celui du département, selon qu'il est prescrit à l'article 683 du Code de procédure civile. Il sera fait mention du tout dans l'acte d'adjudication.

Art. 4. Un membre de la commission des hospices, du bureau de bienfaisance ou du bureau de l'administration assistera aux enchères et à l'adjudication.

Art. 5. Elle ne sera définitive qu'après l'approbation du préfet du departement, et le délai pour l'enregistrement sera de quinze jours après celui où elle aura été donnée (2).

Art. 6. Il sera dressé un tarif des droits des notaires pour la passation des baux dont il est question au présent décret, lequel sera approuvé par nous, sur le rapport de notre ministre de l'intérieur.

(1) Voir article 1712 du Code civil.

(2) Le délai de l'enregistrement fixé à quinze jours, par l'article 5, a été porté à vingt jours par l'article 78 de la loi du 15 mai 1818.

1809

3 NOVEMBRE. — *Avis du Conseil d'État sur les droits à exercer relativement aux effets mobiliers d'une personne décédée dans un hospice, et dont la succession est tombée en déshérence* (1).

LE CONSEIL D'ÉTAT est d'avis : — 1° que les effets mobiliers apportés par les malades décédés dans les hospices, et qui y ont été traités gratuitement, doivent appartenir auxdits hospices, à l'exclusion des héritiers et du domaine, en cas de déshérence ; — 2° qu'à l'égard des malades ou personnes valides, dont le traitement et l'entretien ont été acquittés de quelque manière que ce soit, les héritiers et légataires peuvent exercer leurs droits sur tous les effets apportés dans les hospices par lesdites personnes malades ou valides ; et que, dans le cas de déshérence, les mêmes effets doivent appartenir aux hospices, au préjudice du domaine ; — 3° qu'il ne doit être rien innové à l'égard des militaires décédés dans les hospices.

1810

5 SEPTEMBRE. — *Avis du Conseil d'État sur les avances des comptables.*

Les receveurs des deniers publics ne doivent jamais être en avances ; ils ne peuvent payer que dans la proportion de revenus et dans les limites établies par l'autorité pour chaque nature de dépenses. Ceux qui ont excédé les fonds de leur caisse et les revenus, ayant constitué la commune en débet sans autorisation, sont responsables du déficit.

1811

19 JANVIER. — *Décret concernant les enfants trouvés, abandonnés et orphelins.*

ARTICLE PREMIER (2). Les enfants dont l'éducation est confiée à la charité publique, sont : — 1° les enfants trouvés ; — 2° les enfants abandonnés ; — 3° les orphelins pauvres.

ART. 2. Les enfants trouvés sont ceux qui, nés de pères et de mères inconnus, ont été trouvés exposés dans un lieu quelconque, ou portés dans les hospices destinés à les recevoir.

(1) Voir décision du ministre de l'intérieur, en date du 27 décembre 1864, apportant quelques modifications à cet avis.

(2) Voir article 58 du Code civil.

Art. 3. Dans chaque hospice destiné à recevoir des enfants trouvés, il y aura un tour où ils devront être déposés.

Art. 4. Il y aura au plus, dans chaque arrondissement, un hospice où les enfants trouvés pourront être reçus. — Des registres constateront, jour par jour, leur arrivée, leur sexe, leur âge apparent, et décriront les marques naturelles et les langes qui peuvent servir à les faire connaître.

Art. 5. Les enfants abandonnés sont ceux qui, nés de pères et de mères connus, et d'abord élevés par eux, ou par d'autres personnes à leur décharge, en sont délaissés sans qu'on sache ce que les pères et mères sont devenus, ou sans qu'on puisse recourir à eux.

Art. 6. Les orphelins sont ceux qui, n'ayant ni père ni mère, n'ont aucun moyen d'existence.

Art. 7. Les enfants trouvés nouveau-nés seront mis en nourrice aussitôt que faire se pourra. Jusque-là, ils seront nourris au biberon, ou même au moyen de nourrices résidant dans l'établissement. S'ils sont sevrés, ou susceptibles de l'être, ils seront également mis en nourrice ou en sevrage.

Art. 8. Ces enfants recevront une layette : ils resteront en nourrice ou en sevrage jusqu'à l'âge de six ans.

Art. 9. A six ans, tous les enfants seront, autant que faire se pourra, mis en pension chez des cultivateurs ou des artisans. Le prix de la pension décroîtra chaque année jusqu'à l'âge de douze ans, époque à laquelle les enfants mâles en état de servir seront mis à la disposition du ministre de la marine.

Art. 10. Les enfants qui ne pourront être mis en pension, les estropiés, les infirmes, seront élevés dans l'hospice; ils seront occupés dans les ateliers, à des travaux qui ne soient pas au-dessus de leur âge.

Art. 11. Les hospices désignés pour recevoir les enfants trouvés sont chargés de la fourniture des layettes, et de toutes les dépenses intérieures relatives à la nourriture et à l'éducation des enfants.

Art. 12 (1).

Art. 13. Les mois de nourrice et les pensions ne pourront être payés que sur des certificats des maires des communes où seront les enfants. Les maires attesteront, chaque mois, les avoir vus.

Art. 14. Les commissions administratives des hospices feront visiter, au moins deux fois l'année, chaque enfant, soit par un commissaire spécial, soit par les médecins ou chirurgiens vaccinateurs ou des épidémies.

Art. 15. Les enfants trouvés et les enfants abandonnés sont sous la tutelle des commissions administratives des hospices, conformément aux règlements existants. Un membre de cette commission est spécialement chargé de cette tutelle.

Art. 16. Lesdits enfants, élevés à la charge de l'État, sont entièrement à sa disposition; et quand le ministre de la marine en dispose, la tutelle des commissions administratives cesse.

(1) Cet article a été abrogé par les lois de finances des 25 mars 1817, 15 mai 1818 et 19 juillet 1819, qui ont mis la dépense des enfants trouvés à la charge des départements.

Art. 17. Les enfants ayant accompli l'âge de douze ans, desquels l'État n'aura pas autrement disposé, seront, autant que faire se pourra, mis en apprentissage ; les garçons chez les laboureurs ou des artisans ; les filles chez des ménagères, des couturières ou autres ouvrières, ou dans des fabriques et manufactures.

Art. 18. Les contrats d'apprentissage ne stipuleront aucune somme en faveur ni du maître, ni de l'apprenti ; mais ils garantiront au maître les services gratuits de l'apprenti jusqu'à un âge qui ne pourra excéder vingt-cinq ans, et à l'apprenti la nourriture, l'entretien et le logement.

Art. 19. L'appel à l'armée, comme conscrit, fera cesser les obligations de l'apprenti.

Art. 20. Ceux des enfants qui ne pourraient être mis en apprentissage, les estropiés, les infirmes qu'on ne trouverait point à placer hors de l'hospice, y resteront à la charge de chaque hospice. — Des ateliers seront établis pour les occuper.

Art. 21. Il n'est rien changé aux règles relatives à la reconnaissance et à la réclamation des enfants trouvés et des enfants abandonnés ; mais, avant d'exercer aucun droit, les parents devront, s'ils en ont les moyens, rembourser toutes les dépenses faites par l'administration publique ou par les hospices ; et, dans aucun cas, un enfant dont l'État aurait disposé ne pourra être soustrait aux obligations qui lui ont été imposées.

1812

22 décembre. — *Décret relatif au mode d'autorisation des chapelles et oratoires.*

Art. 2. Les demandes d'oratoires particuliers seront accordées par nous, en notre conseil, sur la demande des évêques. A ces demandes seront jointes les délibérations prises à cet effet par les administrateurs des établissements et l'avis des maires et des préfets.

1821

31 octobre. — *Ordonnance relative à l'administration des hospices et des bureaux de bienfaisance.*

Art. 16. Les commissions des hospices et des bureaux de bienfaisance pourront ordonner, sans autorisation préalable, les réparations et autres travaux dont la dépense n'excédera pas deux mille francs (1).

Art. 17. Le service intérieur de chaque hospice sera régi par un règlement particulier, proposé par la commission administrative, et approuvé par le

(1) Voir *Infr.* ordonnance du 14 novembre 1837 et loi du 7 août 1851.

préfet. Ces règlements détermineront, indépendamment des dispositions d'ordre et de police concernant le service intérieur, le nombre des aumôniers, médecins, chirurgiens, pharmaciens, employés et gens de service.

Art. 18. Les aumôniers sont nommés par les évêques diocésains, sur la présentation de trois candidats par les commissions administratives.

Art. 19. Les sœurs de charité employées dans les hospices, que leur âge ou leurs infirmités rendraient incapables de continuer leur service, pourront être conservées à titre de *reposantes*, à moins qu'elles n'aiment mieux se retirer, auquel cas il pourra leur être accordé des pensions, si elles ont le temps de service exigé, et si les revenus de ces établissements le permettent.

1823

23 avril. — *Ordonnance relative à la comptabilité.*

Article premier. Les recettes et les dépenses des communes ne peuvent être faites que conformément au budget de chaque exercice, ou aux autorisations extraordinaires, données par qui de droit et dans les mêmes formes. Les dépenses ne peuvent être acquittées que sur les crédits ouverts à chacune d'elles, ni ces crédits être employés à d'autres dépenses (1).

Art. 3. Aucune dépense ne peut être acquittée par un receveur, si elle n'a été préalablement ordonnancée, sur un crédit régulièrement ouvert. Tout mandat ou ordonnance doit énoncer l'exercice et le crédit auxquels la dépense s'applique, et être accompagné des pièces nécessaires pour la légitimité de la dette et la garantie du paiement.

Art. 12. Indépendamment du compte définitif rendu par les receveurs pour chaque exercice, et embrassant l'année qui lui est propre et l'année qui le suit, ils seront tenus de rendre, à la fin de la première année, un compte de situation présentant tous les actes de leur gestion pendant ladite année.

Art. 13. Chaque receveur ne sera comptable que des actes de sa gestion personnelle. En cas de mutation, le compte de l'exercice sera divisé suivant la durée de la gestion de chaque titulaire, et chacun d'eux rendra compte séparément des faits qui le concerneront, en se conformant aux dispositions de la présente ordonnance.

Art. 14. Toutes recettes et tous paiements faits pour le compte des com munes, sans l'intervention de leurs receveurs, donneront lieu aux poursuites autorisées par les lois contre les personnes qui ont indûment disposé des deniers publics.

15 octobre. — *Ordonnance relative aux cautionnements des receveurs des établissements de bienfaisance.*

Article premier. Les receveurs des hospices et des bureaux de bienfaisance

(1) Cette ordonnance a été appliquée à la comptabilité des établissements de bienfaisance par l'ordonnance du 22 janvier 1831.

seront exempts de fournir un cautionnement, lorsque, en le calculant dans les proportions déterminées par l'article 22 de notre ordonnance du 31 octobre 1821, il ne s'élèverait pas à cent francs.

1824

2 OCTOBRE. — *Décision du ministre de l'intérieur relative à la répartition des revenus des hospices dans une même ville.*

Monsieur le Préfet, vous avez fait connaître au ministre que plusieurs commissions administratives de votre département désiraient ne faire qu'un fonds commun des revenus de divers établissements, et les répartir à leur gré ; que d'autres administrations pensent que chaque hospice doit s'alimenter des fruits de sa dotation, et restreindre sa dépense selon ses revenus ; dans cet état de choses, vous avez prié Son Excellence de vous donner des instructions sur l'application qu'il convenait de faire des dispositions de l'arrêté du 23 brumaire an V, relatif à l'emploi des revenus des hospices d'une même commune.

Lorsque cet arrêté a été rendu, les établissements de bienfaisance n'avaient absolument qu'une seule nature de biens : ceux qui leur avaient été donnés par l'État ; il était donc juste et nécessaire que les revenus fussent répartis entre tous les hospices d'une même ville ; mais, depuis cette époque, les choses ont bien changé de face : des libéralités particulières ont été faites à certains hospices ; l'on doit à cet égard respecter les intentions des testateurs ou donateurs, et permettre à ces établissements de jouir exclusivement de leurs libéralités. Il est encore d'autres revenus qui, par leur nature même, ou la destination qu'ils ont reçue des fondateurs, doivent être considérés comme la propriété exclusive des établissements qui les possèdent.

Mais toutes les sommes provenant des libéralités faites aux hospices en général, et dans la seule vue de concourir au soulagement de la classe indigente, les secours accordés par les villes, lorsqu'ils n'ont pas de destination particulière, doivent former un fonds commun que les commissions administratives peuvent répartir comme elles le jugent convenable, mais toutefois sous votre bienveillance, et de manière à ce que ces établissements en jouissent en raison de leur importance et de leurs besoins.

Telle est, Monsieur le Préfet, la marche que vous devez suivre pour régler l'emploi des revenus des hospices d'une même ville ; je vous prie de donner aux commissions administratives des instructions dans le sens des observations qui précèdent.

1826

22 AOUT. — *Décision du ministre de l'intérieur : Les forçats libérés qui tombent malades en route sont soignés aux frais des hospices.*

Des difficultés s'étaient élevées entre quelques commissions administratives d'hospices et les intendants de la marine, relativement au paiement des frais de traitement des forçats libérés admis dans les hôpitaux civils. Ces commissions avaient pensé que la dépense devait être, comme celle de tous les forçats, à la charge de l'administration de la marine, et remboursée par elle; et celle-ci, de son côté, s'était crue autorisée à repousser cette prétention.

La contestation ayant été soumise en cet état au ministre de l'intérieur, Son Excellence a pris, le 22 août 1826, sur le rapport de M. le directeur de la police, une décision par laquelle, considérant que les forçats libérés rentrent dans la classe des indigents et doivent, comme tels, être reçus gratuitement dans les hospices civils, elle statue que, dans le cas dont il s'agit, les commissions administratives ne peuvent prétendre au remboursement des frais occasionnés par le traitement desdits forçats libérés, et que le refus des intendants de la marine est fondé.

1827

1er AOUT. — *Ordonnance relative à l'exécution du Code forestier. — Extrait.*

TITRE II (1).

SECTION IX. — *Des droits d'usage dans les bois de l'État.*

ART. 117. En cas de contestation sur l'état et la possibilité des forêts et sur le refus d'admettre les animaux en pâturage et au panage dans certains cantons déclarés non défensables, le pourvoi contre les décisions rendues par les conseils de préfecture, en exécution des articles 65 et 67 du Code forestier, aura effet suspensif jusqu'à la décision rendue par nous en conseil d'État.

ART. 118. Les maires des communes et les particuliers jouissant du droit de pâturage ou de panage dans les forêts de l'État remettront annuellement à l'agent forestier local, avant le 31 décembre, pour le pâturage et avant le 31 juin, pour le panage, l'état des bestiaux que chaque usager possède, avec la distinction de ceux qui servent à son propre usage et de ceux dont il fait commerce.

ART. 119. Chaque année, les agents forestiers locaux constateront par des procès-verbaux, d'après la nature, l'âge et la situation des bois, l'état des cantons qui pourront être délivrés pour le pâturage, la glandée et le panage dans les forêts soumises à ces droits; ils indiqueront le nombre des animaux qui pourront y être admis, et les époques où l'exercice de ces droits d'usage pourra commencer et devra finir. — Les propositions des agents forestiers seront soumises à l'approbation du conservateur avant le 1er février pour le pâturage, et avant le 1er août pour le panage et la glandée.

(1) Nous n'avons relaté ici que les articles de l'ordonnance qui intéressent directement les administrations charitables. Les articles omis concernent plutôt l'administration forestière.

Art. 120. Les pâtres des communes usagères seront choisis par le maire et agréés par le conseil municipal.

Art. 121. Le dépôt du fer servant à la marque des animaux, et de l'empreinte de ce fer, devra être effectué par l'usager, ainsi que le prescrit l'article 74 du Code forestier, avant l'époque fixée pour l'ouverture du pâturage ou du panage, sous les peines portées par cet article. — L'agent forestier local donnera acte de ce dépôt à l'usager.

Art. 122. Les bois de chauffage qui se délivrent par stères seront mis en charge sur les coupes adjugées, et fournis aux usagers par les adjudicataires, aux époques fixées par le cahier des charges. — Pour les communes usagères la délivrance des bois de chauffage sera faite au maire, qui en fera effectuer le partage entre les habitants. — Lorsque les bois de chauffage se délivreront par coupes, l'entrepreneur de l'exploitation sera agréé par l'agent forestier local.

Art. 123. Aucune délivrance de bois pour constructions ou réparations ne sera faite aux usagers que sur la représentation de devis dressés par des gens de l'art et constatant les besoins. — Ces devis seront remis, avant le 1er février de chaque année, à l'agent forestier local qui en donnera reçu ; et le conservateur, après avoir fait effectuer les vérifications qu'il jugera nécessaires, adressera l'état de toutes les demandes de cette nature au directeur général, en même temps que l'état général des coupes ordinaires, pour être revêtus de son approbation. — La délivrance de ces bois sera mise en charge sur les coupes en adjudication, et sera faite à l'usager par l'adjudicataire à l'époque fixée par le cahier des charges. — Dans le cas d'urgence constatée par le maire de la commune, la délivrance pourra être faite en vertu d'un arrêté du préfet rendu sur l'avis du conservateur. L'abatage et le façonnage des arbres auront lieu aux frais de l'usager, et les branchages et remanents seront vendus comme menus marchés.

TITRE V

Des bois des communes et des établissements publics.

Art. 128. L'administration forestière dressera incessamment un état général des bois appartenant à des communes ou établissements publics, et qui doivent être soumis au régime forestier, aux termes des articles 1er et 90 du Code, comme étant susceptibles d'aménagement ou d'une exploitation régulière. — S'il y a contestation à ce sujet de la part des communes ou établissements propriétaires, la vérification de l'état des bois sera faite par les agents forestiers, contradictoirement avec les maires ou administrateurs. — Le procès-verbal de cette vérification sera envoyé par le conservateur au préfet, qui fera délibérer les conseils municipaux des communes ou les administrateurs des établissements propriétaires, et transmettra le tout, avec son avis, à notre ministre des finances, sur le rapport duquel il sera statué par nous.

Art. 129. Lorsqu'il y aura lieu d'opérer la délimitation des bois des communes et des établissements publics, il sera procédé de la manière prescrite par la 1re section du titre II de la présente ordonnance pour la délimitation et le bornage des forêts de l'État, sauf les modifications des articles suivants.

Art. 130. Dans les cas prévus par les articles 58 et 59, le préfet, avant de nommer les agents forestiers chargés d'opérer comme experts dans l'intérêt des communes ou établissements propriétaires, prendra l'avis des conservateurs des forêts et celui des maires et administrateurs.

Art. 131. Le maire de la commune, ou l'un des administrateurs de l'établissement propriétaire, aura droit d'assister à toutes les opérations, conjointement avec l'agent forestier nommé par le préfet. Ses dires, observations et oppositions seront exactement consignés au procès-verbal. — Le conseil municipal ou les administrateurs seront appelés à délibérer sur les résultats du procès-verbal avant qu'il soit soumis à notre homologation.

Art. 132. Lorsqu'il s'élèvera des contestations ou des oppositions, les communes ou établissements propriétaires seront antorisés à intenter action ou à défendre, s'il y a lieu, et les actions seront suivies par les maires ou administrateurs dans la forme ordinaire.

Art. 133. L'état des frais de délimitation et de bornage, dressé par le conservateur et visé par le préfet, sera remis au receveur de la commune ou de l'établissement propriétaire, qui percevra le montant des sommes mises à la charge des riverains, et, en cas de refus, on poursuivra le paiement par toutes les voies de droit au profit et pour le compte de ceux à qui ces frais seront dus.

(Voir ordonnance du 23 mars 1845.)

Art. 135. Nos ordonnances d'aménagement ne seront rendues qu'après que les conseils municipaux ou les administrateurs des établissements propriétaires auront été consultés sur les propositions d'aménagement et que les préfets auront donné leur avis.

Art. 136. Les mêmes formalités seront observées lorsqu'il s'agira de faire effectuer des travaux extraordinaires tels que récépages, repeuplements, clôtures, routes, constructions de loges pour les gardes, et autres travaux d'amélioration. — Si les communes ou établissements propriétaires n'élèvent aucune objection contre les travaux projetés, ces travaux pourront être autorisés par le préfet sur la proposition du conservateur. Dans le cas contraire, il sera statué par nous sur le rapport de notre ministre des finances.

Art. 137. Dans les coupes de bois des communes et des établissements publics, la réserve prescrite par l'article 70 de la présente ordonnance (1) sera de quarante baliveaux au moins et de cinquante au plus par hectare. — Lors de la coupe des quarts en réserve, le nombre des arbres à conserver sera de soixante au moins et de cent au plus par hectare.

Art. 138. Les indemnités que les adjudicataires des bois des communes et des établissements publics devront payer, en exécution de l'article 96 de la présente ordonnance, lorsqu'il leur sera accordé des délais de coupe et de vidange, seront versées dans la caisse du receveur des communes ou établissements propriétaires.

(1) Voir Code forestier.

Art. 139. Il ne pourra être fait, dans les bois des communes et des établissements publics, aucune adjudication de glandée, panage ou paisson, qu'en vertu d'autorisation spéciale du préfet qui devra consulter à ce sujet les communes ou établissements propriétaires et prendre l'avis de l'agent forestier local.

Art. 140. Hors le cas de dépérissement des quarts en réserve, l'autorisation de les couper ne sera accordée que pour cause de nécessité bien constatée, et à défaut d'autres moyens d'y pourvoir. Les demandes de cette nature, appuyées de l'avis des préfets, ne nous seront soumises par notre ministre des finances qu'après avoir été par lui communiquées à notre ministre de l'intérieur.

Art. 141. Les communes qui ne sont pas dans l'usage d'employer la totalité des bois de leurs coupes à leur propre consommation feront connaître à l'agent forestier local la quantité de bois qui leur sera nécessaire, tant pour chauffage que pour constructions et réparations, et il en sera fait délivrance, soit par l'adjudicataire de la coupe, soit au moyen d'une réserve sur cette coupe; le tout conformément à leur demande et aux clauses du cahier des charges de l'adjudication.

Art. 142. Les administrateurs des établissements publics donneront chaque année un état des quantités de bois, tant de chauffage que de construction, dont ces établissements auront besoin. Cet état sera visé par le sous-préfet et transmis par lui à l'agent forestier local. — Les quantités de bois ainsi déterminées seront mises en charge lors de la vente des coupes, et délivrées à l'établissement par l'adjudicataire, aux époques qui seront fixées par le cahier des charges.

Art. 143. Lorsqu'il y aura lieu à l'expertise prévue par l'article 105 du Code forestier, cette expertise sera faite, dans le procès-verbal même de la délivrance, par le maire de la commune ou son délégué, par l'agent forestier, et par un expert au choix de la partie prenante. — Le procès-verbal sera remis au receveur municipal par l'agent forestier.

Art. 144. Dans le cas prévu par le paragraphe 2 de l'article 109 du Code, le préfet, sur les propositions de l'agent forestier local et du maire de la commune, déterminera la portion de coupe affouagère qui devra être vendue aux enchères pour acquitter les frais de garde, la contribution foncière et l'indemnité attribuée au Trésor par l'article 106 du Code. — Le produit de cette vente sera versé dans la caisse du receveur municipal pour être employé à l'acquittement de ces charges.

Art. 146. Toutes les dispositions de la section IX du titre II de la présente ordonnance, sur l'exercice des droits d'usage dans les bois de l'État, sont applicables à la jouissance des communes et des établissements publics dans leurs propres bois, sauf les modifications qui résultent du présent titre, et à l'exception des articles 121 et 123.

1831

22 janvier. — *Ordonnance qui applique aux établissements charitables les dispositions de l'ordonnance du* 23 *avril* 1823.

Article premier. Toutes les dispositions de l'ordonnance du 23 avril 1823 seront désormais applicables à la comptabilité des hospices et des établissements de bienfaisance.

Art. 2. En conséquence, les comptes des receveurs des hospices et desdits établissements seront soumis à la même juridiction que les comptes des receveurs des communes.

18 avril. — *Loi relative à l'enregistrement. — Extrait. — Droit de constatation et d'enregistrement des dons et legs faits aux établissements de bienfaisance.*

Art. 17. Sont et demeurent abrogés l'article 7 de la loi du 16 juin 1824, et les dispositions des lois, décrets et arrêtés du gouvernement qui n'ont assujetti qu'au droit fixe, pour l'enregistrement et la transcription hypothécaire, les actes d'acquisition et les donations et legs faits au profit des départements, arrondissements, communes, hospices, séminaires, et autres établissements publics.

En conséquence, ces acquisitions, donations et legs seront soumis aux droits proportionnels d'enregistrement et de transcription établis par les lois existantes.

29 novembre. — *Ordonnance concernant la gestion des économes dans les hospices civils.*

Article premier. La gestion des économes chargés, dans les établissements de bienfaisance, de l'emmagasinage et de la distribution des denrées et autres objets de consommation, sera soumise à des règles de comptabilité déterminées par notre ministre d'État du commerce et des travaux publics. — Les comptes de cette gestion devront être présentés aux mêmes époques que ceux des receveurs, et seront apurés par les commissions administratives, sauf l'approbation du préfet du département.

Art. 2. Dans les établissements où la valeur des denrées et objets de consommation livrés aux économes s'élèvera annuellement à vingt mille francs et au delà, ces agents seront assujettis à fournir un cautionnement qui sera réglé d'après les mêmes bases que celui des receveurs.

Art. 3. Les receveurs demeurent responsables de la rentrée des revenus en nature appartenant aux établissements; mais le cautionnement qu'ils fournissent pour cette partie de leur gestion sera réduit de moitié à dater de l'époque où celui des économes aura été réalisé.

1835

25 mai. — *Loi relative aux baux des biens ruraux des communes et des établissements de bienfaisance* (1).

Article unique. Les communes, hospices, etc., pourront affermer leurs biens ruraux pour dix-huit années et au-dessous, sans autres formalités que celles prescrites pour les baux de neuf années (2).

1837

14 novembre. — *Ordonnance portant règlement sur les marchés passés pour le compte des communes et des établissements de bienfaisance* (3).

Article premier. Toutes les entreprises pour travaux et fournitures au nom des communes et des établissements de bienfaisance seront données avec concurrence et publicité, sauf les exceptions ci-après.

Art. 2. Il pourra être traité de gré à gré, sauf approbation par le préfet, pour les travaux et fournitures dont la valeur n'excédera pas trois mille francs.

Il pourra également être traité de gré à gré, à quelque somme que s'élèvent les travaux et fournitures, mais avec l'approbation du ministre de l'intérieur (4) :

1° Pour les objets dont la fabrication est exclusivement attribuée à des porteurs de brevet d'invention ou d'exportation ;

2° Pour les objets qui n'auraient qu'un possesseur unique ;

3° Pour les ouvrages et les objets d'art et de précision dont l'exécution ne peut être confiée qu'à des artistes éprouvés ;

4° Pour les exploitations, fabrications et fournitures qui ne seraient faites qu'à titre d'essai ;

5° Pour les matières et denrées qui, à raison de leur nature particulière et de la spécialité de l'emploi auquel elles sont destinées, doivent être achetées et choisies sur les lieux de production, ou livrées sans intermédiaires par les producteurs eux-mêmes ;

6° Pour les fournitures ou travaux qui n'auraient été l'objet d'aucune offre aux adjudications, ou à l'égard desquels il n'aurait été proposé que des prix inacceptables ; toutefois l'administration ne devra pas dépasser le maximum arrêté conformément à l'article 7 ;

(1) Cette loi modifie l'arrêté du 7 germinal an IX.
(2) Voir article 1712 du Code civil.
(3) Voir partie supplémentaire : Circulaire du 9 juin 1838.
(4) Voir loi du 7 août 1851 ; *Infr.*

7° Pour les fournitures et travaux qui, dans les cas d'urgence absolue et dûment constatée, amenés par des circonstances imprévues, ne pourraient pas subir les délais des adjudications.

ART. 3. Les adjudications publiques relatives à des fournitures, à des travaux, à des exploitations ou fabrications qui ne pourraient être, sans inconvénient, livrés à la concurrence illimitée, pourront être soumises à des restrictions qui n'admettront à concourir que des personnes préalablement reconnues capables par l'administration, et produisant les titres justificatifs exigés par les cahiers des charges.

ART. 4. Les cahiers des charges détermineront et la nature et l'importance des garanties que les fournisseurs ou entrepreneurs auront à produire, soit pour être admis aux adjudications, soit pour répondre de l'exécution de leurs engagements. Ils détermineront aussi l'action que l'administration exercera sur ces garanties, en cas d'inexécution de ces engagements.

Il sera toujours et nécessairement stipulé que tous les ouvrages exécutés par les entrepreneurs en dehors des autorisations régulières demeureront à la charge personnelle de ces derniers, sans répétition contre les communes ou les établissements.

ART. 5. Les cautionnements à fournir par les adjudicataires seront réalisés à la diligence des receveurs des communes et des établissements de bienfaisance.

ART. 6. L'avis des adjudications à passer sera publié, sauf les cas d'urgence, un mois à l'avance, par la voie des affiches et par tous les moyens ordinaires de publicité.

Cet avis fera connaître :

1° Le lieu où l'on pourra prendre connaissance du cahier des charges ;

2° Les autorités chargées de procéder à l'adjudication ;

3° Le lieu, le jour et l'heure fixés pour l'adjudication.

ART. 7. Les soumissions devront toujours être remises cachetées en séance publique. Un *maximum* de prix ou un *minimum* de rabais, arrêté d'avance par l'autorité qui procède à l'adjudication, devra être déposé cacheté sur le bureau à l'ouverture de la séance.

ART. 8. Dans le cas où plusieurs soumissionnaires auraient offert le même prix, il sera procédé, séance tenante, à une adjudication entre ces soumissionnaires seulement, soit sur de nouvelles soumissions, soit à extinction des feux.

ART. 9. Les résultats de chaque adjudication seront constatés par un procès-verbal relatant toutes les circonstances de l'opération.

ART. 10. Les adjudications seront toujours subordonnées à l'approbation du préfet, et ne seront valables et définitives, à l'égard des communes et des établissements, qu'après cette approbation.

1838

30 JUIN. — *Loi sur les aliénés.*

ART. 19. En cas de danger imminent, attesté par le certificat d'un médecin ou par la notoriété publique, les commissaires de police à Paris, et les maires, dans les autres communes, ordonneront, à l'égard des personnes atteintes d'aliénation mentale, toutes les mesures provisoires nécessaires, à la charge d'en référer dans les vingt-quatre heures au préfet, qui statuera sans délai.

Art. 20. Les chefs, directeurs ou préposés responsables des établissements seront tenus d'adresser aux préfets, dans le premier mois de chaque semestre, un rapport rédigé par le médecin de l'établissement sur l'état de chaque personne qui y sera retenue, sur la nature de sa maladie et les résultats du traitement. Le préfet prononcera sur chacune individuellement, et ordonnera sa maintenue dans l'établissement ou sa sortie.

Art. 23. Si, dans l'intervalle qui s'écoulera entre les rapports ordonnés par l'article 20, les médecins déclarent que la sortie peut être ordonnée, les chefs, directeurs ou préposés responsables des établissements, seront tenus, sous peine d'être poursuivis, d'en référer aussitôt au préfet, qui statuera sans délai.

Art. 24. Les hospices ou hôpitaux civils seront tenus de recevoir provisoirement les personnes qui leur seront adressées en vertu de l'article 19, jusqu'à ce qu'elles soient dirigées sur l'établissement spécial destiné à les recevoir ou pendant le trajet qu'elles feront pour s'y rendre.

Dans toutes les communes où il existe des hospices ou hôpitaux, les aliénés ne pourront être déposés ailleurs que dans ces hospices ou hôpitaux. Dans les lieux où il n'en existe pas, les maires devront pourvoir à leur logement, soit dans une hôtellerie, soit dans un local loué à cet effet.

Ces dispositions sont applicables à tous les aliénés dirigés par l'administration sur un établissement public ou privé.

1839

17 avril. — *Ordonnance relative à la fixation des traitements des receveurs des communes et des établissements de bienfaisance* (1).

Art. 2. Les remises sur les recettes et les dépenses, soit ordinaires, soit extraordinaires, seront calculées ainsi qu'il suit, savoir (2) :

Art. 4. Dans les communes où les fonctions de receveur municipal seront réunies à celles de percepteur des contributions directes, la recette du produit des centimes additionnels ordinaires et extraordinaires, et des attributions sur patentes, ne donnera lieu à aucune remise, outre celle qui est allouée au comptable en sa qualité de percepteur.

Art. 5. Dans toutes les communes et établissements, les comptables ne recevront non plus aucune remise sur les recettes et les payements qui ne constitueraient que des conversions de valeur.

Art. 6. Seront considérés comme conversions de valeur, lorsque le service

(1) Voir décret du 27 juin 1876.
(2) Voir ordonnance du 23 mai 1839, art. 1er qui modifie ces chiffres.

de la commune et celui d'un établissement de bienfaisance seront réunis entre les mains du même comptable, savoir :

A l'égard de la commune, le paiement des subventions allouées à l'établissement sur les fonds municipaux;

A l'égard de l'établissement, la recette desdites subventions.

ART. 7. Toutes recettes et dépenses faites par un receveur, même dans un intérêt local, mais qui ne concerneraient pas le service direct de la commune, comme, par exemple, le recouvrement et le paiement des secours ou indemnités accordés par le gouvernement en cas de sinistres, ou pour le logement des troupes chez l'habitant, et d'autres articles qui pourraient être déterminés par les instructions, ne donneront droit à aucune allocation, à moins d'un vote spécial du conseil municipal approuvé par l'autorité administrative compétente.

ART. 8. La présente ordonnance n'est pas applicable à la ville et aux établissements de bienfaisance de Paris.

23 MAI. — *Ordonnance qui modifie celle du 17 avril précédent* (1).

ARTICLE PREMIER. L'article 2 de notre ordonnance du 17 avril 1839 est et demeure modifiée ainsi qu'il suit :

Les remises sur les recettes et les dépenses, soit ordinaires, soit extraordinaires, seront calculées ainsi qu'il suit, savoir :

Sur les premiers 5,000 francs à raison de.	2,00 p. 0/0
Sur les 25,000 francs suivants, à raison de.	1,50 p. 0/0
Sur les 70,000 francs suivants, à raison de.	0,75 p. 0/0
Sur les 100,000 francs suivants, jusqu'à 1,000,000 à raison de .	0,33 p. 0/0
Sur les sommes excédant 1,000,000 à raison de	0,12 p. 0/0

ART. 2. Toutes les autres dispositions de notre ordonnance du 17 avril 1839 continueront à être exécutées.

1840

13 OCTOBRE. — *Ordonnance concernant les écoles secondaires de médecine. — Extrait.*

ART. 9. L'Administration des hospices de chaque ville où une école préparatoire sera établie fournira, pour le service de la clinique médicale et chirurgicale de ladite école, une salle de cinquante lits au moins.

(1) Voir décret du 27 juin 1876.

Art. 10, § 3. Les hospices et les conseils généraux des départements pourront continuer à voter des subventions pour l'entretien des écoles préparatoires. Ces subventions viendront en déduction des sommes qui doivent être allouées par les villes.

Art. 13. Le produit des inscriptions prises dans chaque école sera versé dans la caisse, soit de la ville, soit du département, soit des hospices, jusqu'à concurrence des sommes allouées par les conseils municipaux, départementaux ou des hospices pour l'entretien de l'établissement.

1841

25 juin. — *Loi portant fixation du budget des recettes de l'exercice* 1842.

Art. 5. Pour indemniser l'État des frais d'administration des bois des communes et des établissements publics, il sera payé, au profit du trésor, sur les produits tant principaux qu'accessoires de ces bois, cinq centimes par franc en sus du prix principal de leur adjudication ou cession.

Quant aux produits délivrés en nature, il sera perçu par le trésor le vingtième de leur valeur, laquelle sera fixée définitivement par le préfet, sur les propositions des agents forestiers et les observations des conseils municipaux et des administrateurs.

24 aout. — *Ordonnance relative au paiement du capital et des intérêts des cautionnements.*

Article premier. Les ordonnances d'intérêts de capitaux de cautionnements seront exclusivement délivrées sur la caisse du payeur du département dans lequel les titulaires exercent leurs fonctions.

Les remboursements des capitaux de cautionnements ne pourront être autorisés que dans le département où les titulaires auront exercé en dernier lieu.

Ces dispositions seront exécutées à partir du 1er janvier 1842.

1843

24 janvier. — *Ordonnance qui fixe au* 31 *mars de la seconde année la clôture de l'exercice pour les établissements de bienfaisance.*

Article premier. A partir de l'exercice 1843, l'époque de la clôture des exercices, pour les communes et établissements de bienfaisance dont les receveurs sont justiciables de la Cour des comptes, est fixée au 31 mars de la seconde année de l'exercice.

Art. 2. A l'avenir, les comptes de ces communes et établissements seront transmis directement par les receveurs à la Cour des comptes, avec les pièces à l'appui. Les préfets, de leur côté, continueront d'y envoyer, comme éléments de contrôle et avec leurs observations, une copie des comptes d'administration rendus par les maires conformément à l'article 60 de la loi du 18 juillet 1837.

1844

4 DÉCEMBRE. — *Ordonnance concernant les attributions des conservateurs des forêts.*

ART. 2. Dans les bois et forêts qui sont régis par l'Administration des forêts, l'extraction de productions quelconques du sol forestier ne pourra avoir lieu qu'en vertu d'une autorisation formelle délivrée par le conservateur des forêts, s'il s'agit des bois de l'État; et s'il s'agit de ceux des communes et des établissements publics, par les maires ou administrateurs des communes, ou établissements propriétaires, sauf l'approbation du conservateur des forêts, qui, dans tous les cas, réglera les conditions et le mode d'extraction.

Quant au prix, il sera fixé, pour les bois de l'État, par le conservateur des forêts, et pour les bois des communes et des établissements publics, par le préfet sur les propositions des maires et des administrateurs.

1845

23 MARS. — *Ordonnance concernant les frais de délimitation et du bornage des bois des communes et des établissements publics.*

ARTICLE PREMIER. Les communes et établissements publics qui auront requis des délimitations ou des bornages partiels ou généraux paieront directement et intégralement aux ayants droit, autres que les agents forestiers, les frais de ces opérations, et recouvreront ensuite, sur les propriétaires riverains, le montant des frais tombant à la charge de chacun d'eux.

1849

20 FÉVRIER. — *Loi relative à l'application de l'impôt des mutations aux biens de mainmorte.*

ARTICLE PREMIER. Il sera établi, à partir du 1er janvier 1849, sur les biens immeubles passibles de la contribution foncière, appartenant aux départements, communes, hospices, etc., et tous les établissements publics légalement autorisés, une taxe annuelle représentative des droits de transmission entre-vifs et par décès. Cette taxe sera calculée à raison de soixante-deux centimes et demi pour franc du principal de la contribution foncière (1).

(1) Voir loi du 30 mars 1872, article 5.

Art. 2. Les formes prescrites pour l'assiette et le recouvrement de la contribution foncière seront suivies pour l'établissement et la perception de la nouvelle taxe.

Art. 3. La taxe annuelle établie par la présente loi sera à la charge du propriétaire seul, pendant la durée des baux actuels, nonobstant toutes stipulations contraires.

1851

7 Aout. — *Loi sur les hospices et hôpitaux.*

TITRE PREMIER. — Admission dans les hospices et hopitaux.

Article premier. Lorsqu'un individu privé de ressources tombe malade dans une commune, aucune condition de domicile ne peut être exigée pour son admission dans l'hôpital existant dans la commune.

Art. 2. Un règlement particulier, rendu conformément au dernier paragraphe de l'article 8 de la présente loi, déterminera les conditions de domicile et d'âge nécessaires pour être admis dans chaque hospice destiné aux vieillards et infirmes.

Art. 3. Les malades et incurables indigents des communes privées d'établissements hospitaliers pourront être admis aux hospices et hôpitaux du département désignés par le conseil général, sur la proposition du préfet, suivant un prix de journée fixé par le préfet, d'accord avec la commission des hospices et hôpitaux.

Art. 4. Les communes qui voudraient profiter du bénéfice de l'article 3 supporteront la dépense nécessaire pour le traitement de leurs malades et incurables.

Toutefois le département, dans les cas et les proportions déterminés par le conseil général, pourra venir en aide aux communes dont les ressources sont insuffisantes.

Dans le cas où les revenus d'un hospice ou hôpital le permettraient, les commissions administratives sont autorisées à admettre dans les lits vacants les malades ou incurables des communes, sans exiger d'elles le prix de journées fixé par l'article 3.

Art. 5. L'administration des hospices et hôpitaux peut toujours exercer son recours, s'il y a lieu, contre les membres de la famille du malade, du vieillard ou de l'incurable, désignés par les articles 205 et 206 du Code civil.

Les communes auxquelles s'appliquent les articles 3 et 4 de la présente loi jouissent des mêmes droits.

TITRE II. — Administration.

Art. 6. Un règlement d'administration publique, rendu dans le délai de six mois à partir de la promulgation de la présente loi, déterminera la composition des commissions administratives des hospices et hôpitaux.

Art. 7. La commission administrative est chargée de diriger et de surveiller le service intérieur et extérieur des établissements hospitaliers.

Art. 8. La commission des hospices et hôpitaux règle par ses délibérations les objets suivants :

Le mode d'administration des biens et revenus des établissements hospitaliers;

Les conditions des baux et fermes de ces biens, lorsque leur durée n'excède pas dix-huit ans pour les biens ruraux et neuf pour les autres ;

Le mode et les conditions des marchés pour fournitures et entretien dont la durée n'excède pas une année, les travaux de toute nature dont la dépense ne dépasse pas trois mille francs.

Toute délibération sur l'un de ces objets est exécutoire, si, trente jours après la notification officielle, le préfet ne l'a pas annulée, soit d'office pour violation de la loi ou d'un règlement d'administration publique, soit sur la réclamation de toute partie intéressée.

La commission arrête également, mais avec l'approbation du préfet, les règlements du service tant intérieur qu'extérieur et de santé, et les contrats à passer pour le service avec les congrégations hospitalières.

Art. 9. La commission délibère sur les objets suivants :

Les budgets, comptes, et en général toutes les recettes et dépenses des établissements hospitaliers ;

Les acquisitions, échanges, aliénation des propriétés de ces établissements, leur affectation au service, et en général tout ce qui intéresse leur conservation et leur amélioration;

Les projets de travaux pour constructions, grosses réparations et démolitions dont la valeur excède trois mille francs;

Les conditions ou cahiers des charges des adjudications de travaux et marchés, pour fournitures ou entretien dont la durée excède une année;

Les actions judiciaires et transactions;

Les placements de fonds et emprunts;

Les acceptations des dons et legs.

Art. 10. Les délibérations comprises dans l'article précédent sont soumises à l'avis du conseil municipal, et suivent, quant aux autorisations, les mêmes règles que les délibérations de ce conseil.

Néanmoins l'aliénation des biens immeubles formant la dotation des hospices et hôpitaux ne peut avoir lieu que sur l'avis conforme du conseil municipal.

Art. 11. Le président de la commission des hospices et hôpitaux peut toujours, à titre conservatoire, accepter, en vertu de la délibération de la commission, les dons et legs faits aux établissements charitables.

Le décret du pouvoir exécutif ou l'arrêté du préfet qui interviendra aura effet du jour de cette acceptation.

Art. 12. La comptabilité est soumise aux règles de la comptabilité des communes.

Art. 13. Les recettes des établissements hospitaliers pour lesquels les lois et les règlements n'ont pas prescrit un mode spécial de recouvrement s'effectuent sur des états dressés par le maire, sur la proposition de la commission administrative. Ces états sont exécutoires après qu'ils ont été visés par le sous-préfet. Les oppositions, lorsque la matière est de la compétence des tribunaux ordinaires, sont jugées comme affaires sommaires, et la commission administrative peut y défendre, sans autorisation du conseil de préfecture.

Art. 14. La commission nomme son secrétaire, l'économe, les médecins et chirurgiens, mais elle ne peut les révoquer qu'avec l'approbation du préfet.

Les receveurs sont nommés par..... (1).

Lorsque le revenu des établissements hospitaliers n'excède pas trente mille francs, les fonctions de receveur sont toujours exercées par le receveur de la commune.

Cette disposition n'est pas applicable aux titulaires actuels.

Dans tous les cas, la commission des hospices et hôpitaux exerce, à l'égard du receveur de ces établissements, les droits attribués au conseil municipal à l'égard du receveur des communes.

Art. 15. La commission, d'accord avec le conseil municipal, et sous l'approbation du préfet, pourra traiter de gré à gré, ou par voie d'abonnement, de la fourniture des aliments et objets de consommation nécessaires aux établissements hospitaliers.

Art. 16. Lorsque la commune ne possédera pas d'hospices ou d'hôpitaux, ou qu'ils seront insuffisants, le conseil municipal pourra traiter avec un établissement privé pour l'entretien des malades et des vieillards, après avoir consulté la commission des hospices et hôpitaux, qui sera chargée de veiller à l'exécution du contrat passé avec l'établissement privé.

Les traités devront être soumis à l'approbation du préfet.

Art. 17. La commission des hospices et hôpitaux pourra, avec les mêmes approbations et en se conformant aux prescriptions de l'article 5, convertir une partie des revenus attribués aux hospices, mais seulement jusqu'à concurrence d'un cinquième (2), en secours à domicile annuels en faveur des vieillards ou infirmes placés dans leurs familles.

Art. 18. Les précédentes dispositions ne porteront aucune atteinte aux droits des communes rurales sur les lits des hospices et hôpitaux d'une autre commune, ni aux droits quelconques résultant de fondations faites par les départements, les communes ou les particuliers, qui doivent toujours être respectées.

Art. 19. Toutes les dispositions contraires à la présente loi sont et demeurent abrogées.

(1) Voir loi du 21 mai 1873, article 6.
(1) Voir loi du 21 mai 1873, article 7.

1852

15 JANVIER. — *Décret sur l'organisation du corps des inspecteurs généraux des prisons, des établissements de bienfaisance et des asiles d'aliénés.*

TITRE II. — DES ATTRIBUTIONS DES INSPECTEURS GÉNÉRAUX EN TOURNÉES D'INSPECTION.

ART. 5. Les inspecteurs généraux des établissements de bienfaisance inspectent les hôpitaux, hospices, les quartiers d'aliénés qui y sont exceptionnellement annexés, les bureaux de bienfaisance, les colonies agricoles d'enfants trouvés, abandonnés et orphelins, les monts-de-piété, maisons de refuge, dépôts de mendicité, institutions des sourds-muets, aveugles, ainsi que les établissements privés de même nature subventionnés par l'État.

TITRE III. — DES ATTRIBUTIONS DES INSPECTEURS GÉNÉRAUX DANS L'INTERVALLE DE LEURS TOURNÉES.

ART. 9. Les inspecteurs généraux en conseil d'inspection donnent leur avis :

2° En ce qui concerne les établissements de bienfaisance, sur les règlements du service intérieur de ces établissements et sur les projets de construction et d'appropriation des hospices et hôpitaux.

25 MARS. — *Décret sur l'organisation administrative* (1).

ART. 5. Les préfets nommeront.... etc., etc.; 9° les receveurs des établissements de bienfaisance ; 20° les gardes forestiers des départements, communes et établissements publics. Ils statueront en matière de dons et legs lorsqu'il n'y aura pas réclamation des familles.

1861

13 AVRIL. — *Décret relatif à la décentralisation administrative.*

ART. 6. Les sous-préfets statueront désormais, soit directement, soit par délégation des préfets, sur les affaires qui, jusqu'à ce jour, exigeaient la décision préfectorale et dont la nomenclature suit :

12° Autorisation des battues, pour la destruction des animaux nuisibles, dans les bois des communes et des établissements de bienfaisance.

Les préfets statueront également sur les affaires reprises aux tableaux suivants :

Tableau A

38° Rapatriement d'enfants abandonnés à l'étranger ou d'enfants d'origine étrangère abandonnés en France.

(1) Voir Partie supplémentaire : Instruction du 5 mai 1852.

44° Pensions de retraite aux employés et agents des communes et établissements charitables ;

67° Enfin, tous les autres objets d'administration départementale, communale et d'assistance publique, sauf les exceptions ci-après :

Y. Création d'établissements de bienfaisance (hôpitaux, hospices, bureaux de bienfaisance, monts-de-piété).

Tableau C.

9° Vente sur les lieux des produits façonnés provenant des bois des communes et des établissements publics, quelle que soit la valeur de ces produits ;

10° Travaux à exécuter dans les forêts communales ou d'établissements publics pour la recherche ou la conduite des eaux, la construction des récipients et autres ouvrages analogues, lorsque ces travaux auront un but d'utilité communale.

25 AOUT. — *Décret relatif à l'exécution de l'aménagement des bois de communes et d'établissements publics, ainsi qu'au mode de paiement de ces opérations.*

ARTICLE PREMIER. Les agents forestiers du service ordinaire pourront être chargés des travaux d'aménagement des bois appartenant à des communes ou à des établissements publics.

Les frais relatifs à ces opérations seront à la charge des communes et établissements publics. Ils seront réglés suivant le tarif et dans les proportions arrêtées par le ministre des finances, qui déterminera la part à attribuer à l'État en remboursement de la portion du traitement des agents, afférente au temps employé par eux au service dont il s'agit, et celle qui sera due aux agents eux-mêmes à titre d'indemnité de déplacement.

ART. 2. Il sera fourni, pour la part revenant à l'État et pour celle qui devra être comptée aux agents, des décomptes distincts indiquant la somme à payer par chaque commune, section de commune ou établissement public.

Ces états, dressés par les conservateurs, seront rendus exécutoires par les préfets pour être recouvrés, savoir :

En ce qui concerne les restitutions à l'État, par les receveurs des domaines à titre de remboursement d'avances et comme produits accessoires des forêts ;

En ce qui concerne les frais dus aux agents, par le receveurs des finances, à titre de *cotisations* municipales, pour être ensuite mandatés par les préfets au profit des agents créanciers.

1862

26 FÉVRIER. — *Loi relative aux emprunts à faire au Crédit foncier par les départements, les communes, les hospices et autres établissements publics.*

ARTICLE PREMIER. Les dispositions de la loi du 6 juillet 1860, concernant les prêts que la Société du Crédit foncier de France est autorisée à faire aux départements, aux communes et aux associations syndicales, sont applicables aux prêts à faire aux hospices et aux établissements publics (1).

31 MAI. — *Décret portant règlement sur la comptabilité publique.*

CHAPITRE XXIII. — COMPTABILITÉ DES ÉTABLISSEMENTS DE BIENFAISANCE.

§ 1. — *Mode de comptabilité.*

ART. 547. Les règles de la comptabilité des communes s'appliquent aux établissements de bienfaisance en ce qui concerne la division et la durée des exercices, la spécialité et la clôture des crédits, la perception des revenus, l'ordonnancement et le paiement des dépenses, le mode d'écritures et de comptes, ainsi que la formation et le règlement des budgets.

Les présidents des commissions administratives peuvent toujours, à titre conservatoire, accepter, en vertu de la délibération des commissions, les dons et legs faits aux établissements charitables; les décrets impériaux à intervenir ont leur effet du jour de cette acceptation.

§ 2. — *Ressources.*

ART. 548. Les recettes des hospices et autres établissements de bienfaisance sont divisées, comme celles des communes, en recettes ordinaires et en recettes extraordinaires.

(1) Loi du 6 juillet 1860. — Art. 1er. La Société du Crédit foncier de France est autorisée à prêter dans les conditions ci-après, aux départements, aux communes et aux associations syndicales, les sommes qu'ils auraient obtenu la faculté d'emprunter.

Art. 2. Les prêts sont consentis avec ou sans affectation hypothécaire, et remboursables, soit à long terme, par annuités, soit à court terme, avec ou sans amortissement.

Art. 3. Ils sont réalisables en numéraire.

Art. 4. La commission allouée au Crédit foncier, pour frais d'administration, ne peut excéder 45 c. pour 100 francs par an.

Art. 5. En représentation des prêts et jusqu'à concurrence de leur montant, le Crédit foncier est autorisé à créer et à négocier des obligations, en se conformant aux règles établies au titre V de ses statuts.

Ces obligations jouiront de tous les droits et priviléges attachés aux obligations foncières ou lettres de gage par les lois et décrets concernant le Crédit foncier.

Art. 6. Les créances provenant des prêts aux communes, aux départements et aux associations syndicales, sont affectées, par privilège, au paiement des obligations créées en vertu de la présente loi.

Les créances provenant des prêts hypothécaires demeurent affectées, par privilège, au paiement des obligations créées en représentation de ces prêts.

Art. 7. Le Crédit foncier pourra, avant la réalisation des prêts qui sont l'objet de la présente loi, émettre des titres provisoires pour une somme qui n'excédera pas 5 millions.

Art. 8. Le chiffre des actions émises par le Crédit foncier sera maintenu dans la proportion de 1/20 au moins des obligations ou titres en circulation.

Art. 9. En cas de remboursement par anticipation, l'indemnité à payer par le débiteur est fixée à 50 c. pour 100 francs, soit demi pour 100 du capital remboursé.

Par dérogation à l'article 63 des statuts du Crédit foncier, cette règle est applicable à toutes les opérations faites par le Crédit foncier.

Les produits dont elles se composent sont généralement ceux ci-après, savoir :

Recettes ordinaires

Loyer des maisons et prix de ferme des biens ruraux ;

Produit des coupes ordinaires de bois ;

Rentes sur l'État ;

Rentes sur particuliers ;

Intérêts des fonds placés au trésor public ;

Subventions annuelles accordées sur les ressources municipales ;

Part attribuée aux pauvres dans le prix des concessions dans les cimetières ;

Produits des droits sur les spectacles, bals, concerts, etc ;

Journées de militaires et de malades admis dans les hospices ;

Prix de vente des objets fabriqués par les individus admis dans chaque établissement ;

Valeur des effets mobiliers apportés par les malades décédés dans les hospices, après y avoir été admis gratuitement ;

Dons, aumônes et collectes ;

Fonds alloués pour le service des enfants assistés ;

Produits de la succession des enfants assistés ;

Produits des monts-de-piété ;

Amendes et confiscations ;

Revenus en nature ;

Prix de vente des denrées ou grains récoltés par l'établissement et excédant les besoins.

Recettes extraordinaires

Prix des coupes extraordinaires de bois ;

Legs et donations ;

Remboursement des capitaux ;

Prix des biens aliénés ;

Prix d'aliénation de rentes sur l'État ;

Emprunts ;

Recettes accidentelles ;

Art. 549. Les établissements de bienfaisance possèdent, en outre, des revenus propres à chaque localité, et qui, suivant les titres homologués par l'autorité compétente, se rattachent aux deux classes de produits qui viennent d'être établies.

§ 3. — *Dépenses.*

Art. 550. Les dépenses des hospices et autres établissements de bienfaisance sont divisées également en dépenses ordinaires et extraordinaires.

Les dépenses ordinaires consistent principalement dans les articles suivants, savoir :

Frais de culte ;

Traitements divers ;

Gages des employés et servants ;

Réparation et entretien des batiments;
Contributions assises sur ces batiments ;
Entretien du mobilier et des ustensiles ;
Dépenses du coucher;
Linge et habillement;
Achats de grains et denrées;
Blanchissage;
Chauffage;
Éclairage;
Achats de médicaments;
Pensions ou rentes à la charge de l'établissement;
Entretien et menues réparations des propriétés rurales;
Contributions assises sur ces propriétés;
Dépenses des mois de nourrices et pensions des enfants assistés;
Frais de layettes et vètures de ces enfants ;
Dépenses des aliénés indigents dans la proportion déterminée par le préfet sur la proposition du conseil général.

Sont également rangées dans la classe des dépenses ordinaires les consommations de grains et denrées.

Les dépenses extraordinaires ont en général pour objet :
Les constructions et grosses réparations ;
Les achats de terrains et bâtiments;
Les frais de procédure;
Les achats de rentes sur l'État.

§ 4. — *Budget de l'exercice; — Vote des recettes et des dépenses.*

ART. 551. Le budget des recettes et des dépenses à effectuer pour chaque exercice est délibéré par les commissions administratives, dans leur session annuelle du mois d'avril, afin que les budgets des établissements auxquels les communes fournissent des subventions puissent être soumis aux conseils municipaux, dont la session a lieu du 1er au 15 mai, et que ces conseils puissent délibérer sur les subventions à accorder par les communes.

ART. 552. Le conseil municipal est toujours appelé à donner son avis sur les budgets et les comptes des établissements de charité et de bienfaisance.

ART. 553. Les budgets des hospices sont fixés par les préfets, quelle que soit la quotité des revenus de ces établissements.

ART. 554. Lorsque les crédits ouverts par le budget d'un exercice sont reconnus insuffisants, ou s'il doit être pourvu à des dépenses non prévues lors de la formation de ce budget, des crédits supplémentaires peuvent être ouverts, après délibération de la commission administrative, par des décisions spéciales de l'autorité investie du droit de régler le budget, sauf pour la ville de Paris.

§ 5. — *Fonctions et compte de l'ordonnateur.*

ART. 555. Les commissions administratives des établissements de bienfaisance désignent un de leurs membres, lequel, sous le titre d'ordonnateur, est exclusivement chargé de la délivrance des mandats aux créanciers de l'établissement pour des dépenses régulièrement autorisées.

ART. 556. Les comptes d'administration de l'établissement, dressés par l'ordonnateur, sont présentés aux commissions administratives des hospices qui s'assemblent en session ordinaire du 1er au 15 avril de chaque année.

ART. 557. Les comptes d'administration, accompagnés des pièces justificatives et de la délibération du conseil municipal auquel ils sont soumis, sont adressés au sous-préfet de l'arrondissement, immédiatement après l'examen fait par ce conseil.

Le sous-préfet transmet au préfet du département, qui les arrête, les comptes des hospices, avec les pièces à l'appui.

§ 6. — *Gestion et compte du receveur.*

ART. 558. La gestion financière des hospices dont les revenus n'excèdent pas 30,000 francs est confiée de droit au receveur municipal.

Au-dessus de cette limite, le receveur municipal peut être appelé à la gestion des établissements de bienfaisance, en vertu du consentement des administrations respectives.

ART. 559. Lorsque les recettes de l'hospice, réunies à celles du bureau de bienfaisance de la même ville, excèdent 30,000 francs, la gestion peut en être confiée à un receveur spécial.

ART. 560. Les comptes des receveurs sont soumis à l'examen de la commission administrative et aux délibérations du conseil municipal.

ART. 561. Les dispositions concernant la juridiction des conseils de préfecture et de la Cour des comptes sur les comptes des receveurs municipaux sont applicables aux comptes des receveurs des hospices et autres établissements de bienfaisance.

ART. 562. Les dispositions de l'article 526 du présent décret sont applicables aux comptes des hospices et des établissements de bienfaisance (1).

ART. 563. Les préfets adressent, dans les trois premiers mois de chaque année, au ministre de l'intérieur, un relevé sommaire des budgets et des comptes qu'ils ont réglés pour les hospices et les établissements de bienfaisance dont les revenus atteignent 100,000 francs.

Quant aux hospices et établissements dont les revenus sont au-dessous de 100,000 francs, les copies de leur budget et de leur compte doivent être transmises immédiatement après l'approbation préfectorale.

ART. 564. Sont applicables aux receveurs des établissements de bienfaisance les dispositions relatives à la surveillance et à la responsabilité des receveurs

(1) Art. 526. Les comptes des receveurs des communes doivent être présentés à l'autorité chargée de les juger, avant le 1er juillet de l'année qui suit celle pour laquelle ils sont rendus.

Ceux de ces comptes qui doivent être jugés par la Cour des comptes lui sont transmis directement, avec les pièces à l'appui et avec les observations dont les receveurs des finances les ont reconnus susceptibles, deux mois au plus tard après l'examen des conseils municipaux. Les autres doivent être jugés dans l'année, conformément aux règlements.

des finances, rappelées au § 13 du chapitre XXIII sur la comptabilité des communes (1).

5 JUILLET. — *Décision du ministre de l'intérieur portant que les fonctions de receveur ou d'économe d'un hospice sont incompatibles avec celles de secrétaire, par ce que le secrétaire, en assistant aux séances de la commission dont il rédige les procès-verbaux et en tenant le registre matricule et l'état du mouvement de la population, participe au contrôle exercé par la commission sur le receveur et sur l'économe.*

29 AOUT. — *Décret portant création d'un comité consultatif chargé de l'examen de toutes les questions relatives à l'hygiène et au service médical des hôpitaux.*

30 DÉCEMBRE. — *Décret relatif à la publicité des audiences des conseils de préfecture.*

ART. 6. Les comptes des receveurs des communes et des établissements de bienfaisance ne seront pas jugés en séance publique.

1863

16 DÉCEMBRE. — *Décision du ministre de l'intérieur relative au domicile de secours des étrangers.*

L'article 7 de la loi du 7 août 1851, d'après lequel aucune condition de domicile n'est exigée des individus privés de ressources qui tombent malades dans une commune, s'applique aux étrangers comme aux Français.

1864

8 JUIN. — *Loi sur les finances. — Extrait* (2).

ART. 25. « A l'avenir les cautionnements des receveurs des communes, hos-
» pices, bureaux de bienfaisance et autres établissements de bienfaisance,
» seront fixés d'après les proportions et conformément aux règles déterminées
» par les lois du 8 août 1847 et du 8 mars 1850 (art. 13) pour les cautionne-
» ments des percepteurs des contributions directes, et en prenant pour base le
» montant des recettes ordinaires du dernier exercice expiré. »

(1) Art. 543. La responsabilité des receveurs municipaux et les formes de la comptabilité des communes sont déterminées par des règlements administratifs. Les receveurs municipaux sont assujettis, pour l'exécution de ces règlements, à la surveillance des receveurs des finances.

(2) Voir Partie supplémentaire : Circulaire du 27 juin 1864.

29 AOUT. — *Décision du ministre de l'intérieur relative aux assurances contre l'incendie.*

Le décret du 13 avril 1861 a rendu les préfets compétents pour approuver les polices d'assurance contre l'incendie des édifices communaux.

Un préfet a demandé si, par édifices communaux, il fallait entendre non seulement les bâtiments appartenant exclusivement aux communes, mais aussi ceux qui appartiennent à un établissement public communal, tel qu'un hospice ou un bureau de bienfaisance,

Il a été répondu dans le sens de l'affirmative.

27 DÉCEMBRE. — *Décision du ministre de l'intérieur qui déclare qu'une administration hospitalière ne peut réclamer aux héritiers d'un malade décédé à l'hôpital et dans les vêtements duquel on a trouvé des valeurs mobilières, que les frais du séjour de ce malade dans l'hôpital; l'administration doit rembourser à ces héritiers la plus-value de ces valeurs, si le solde de leur vente excède les frais de séjour du malade décédé.*

1865

21 JUIN. — *Loi relative aux conseils de préfecture.*

ART. 10. Les comptes des receveurs des communes et des établissements de bienfaisance ne sont pas jugés en séance publique.

1866

27 JANVIER. — *Décret relatif à la réforme des comptes de gestion des receveurs des établissements de bienfaisance.*

ARTICLE PREMIER. Les receveurs des communes et des établissements de bienfaisance établiront le compte des opérations complémentaires de chaque exercice aussitôt après sa clôture, et comprendront ces opérations dans le même document que le compte des opérations des douze premiers mois, auxquelles elles seront réunies pour présenter des résultats qui concordent avec ceux du compte du maire.

ART. 2. Les opérations des deux périodes de l'exercice clos, appuyées de toutes les justifications, seront disposées, d'une manière distincte, par gestion, et suivies : 1° de la situation du comptable envers la commune ou l'établissement au 31 décembre, de telle sorte que, l'excédent de recette à cette époque étant reporté en tête du compte suivant, les comptes soient liés les uns aux autres sans interruption, selon le vœu des règlements ; 2° du résultat final de l'exercice au moment de sa clôture, lequel résultat sera également reporté en tête du compte suivant et compris dans la situation du receveur au 31 décembre.

Art. 3. Les comptes seront, avant d'être soumis aux conseils municipaux ou aux commissions hospitalières, vérifiés et certifiés exacts dans leurs résulats par les receveurs des finances. Ils seront ensuite vérifiés sur pièces, d'une manière approfondie, par les mêmes comptables, avant leur présentation aux juges, laquelle aura lieu avant le 1er septembre.

Art. 4. Les opérations des deux périodes de l'exercice seront, pour les comptes soumis à la juridiction de la Cour des comptes, vérifiées par le même conseiller référendaire.

Le même conseiller maître sera également chargé du rapport des deux parties de l'exercice.

Art. 5. Les arrêts de la Cour et les arrêtés des conseils de préfecture sur les comptes des receveurs des communes et des établissements de bienfaisance seront notifiés par l'entremise des receveurs des finances.

Ces comptables devront, dans un délai de quinze jours, transmettre au greffier en chef de la Cour des comptes le récépissé constatant la notification faite aux justiciables de cette cour.

La notification sera faite simultanément et sous forme de tableau pour toutes les communes et tous les établissements de bienfaisance d'une même perception, dont les comptes seront jugés par le conseil de préfecture.

Art. 6. Il sera rendu un compte spécial pour les opérations complémentaires de l'exercice 1864.

Art. 7. Les comptes des trésoriers des associations syndicales sont soumis aux mêmes règles que les comptes des receveurs municipaux.

Art. 8. Sont et demeurent abrogées toutes les dispositions contraires au présent décret.

1871

16 septembre. — *Loi sur les finances portant fixation du budget rectificatif de* 1871. — *Extrait.*

Art. 11. A partir du 15 octobre 1871, les droits de 25 centimes pour cent francs de la valeur négociée, sur les titres nominatifs, et de 12 centimes sur les titres au porteur, établis par l'article 6 de la loi du 23 juin 1857, sont respectivement élévés à 50 centimes et 15 centimes.

Ces droits seront applicables à la transmission des obligations des départements, des communes, des établissements publics et de la Société du Crédit foncier (1).

Art. 29. Les sommes dont le placement ou le remploi en immeubles est prescrit ou autorisé par la loi, par un jugement, par un contrat ou par une disposition à titre gratuit entre-vifs ou testamentaire, peuvent, à moins de clause contraire, être employées en rentes françaises de toute nature.

(1) Voyez *Infr.*, Lois des 30 mars et 29 juin 1872.

Dans ce cas, et sur la réquisition des parties, l'immatricule de ces rentes au grand-livre de la dette publique en indique l'affectation spéciale.

Les cautionnements qui, aux termes des lois actuellement en vigueur, doivent ou peuvent être constitués, en totalité ou en partie, soit en immeubles, soit en rentes françaises d'une nature spéciale, pourront être constitués en rentes françaises de toute nature.

7 NOVEMBRE. — *Arrêt du Conseil d'État qui décide que le domicile naturel de secours est le lieu de naissance; que c'est là que le citoyen mineur a droit au secours jusqu'à l'âge de vingt et un ans; mais que, passé cet âge, il peut réclamer le bénéfice de ce domicile dans toute commune, à la condition d'y justifier d'un an de résidence non interrompue, dont six mois au moins écoulés après la majorité (décret du 24 vendémiaire an II, article 4, titre V); — Nul ne peut exercer le droit de domicile de secours dans deux communes à la fois; l'individu qui, par le fait de l'expiration des délais ci-dessus, a acquis le domicile de secours dans la commune de sa nouvelle résidence, est déchu de celui qu'un fait antérieur, tel que la naissance, lui avait conféré dans toute autre commune.*

1872

31 JANVIER. — *Décret relatif aux cautionnements en rentes sur l'État.*

ARTICLE PREMIER. Les rentes sur l'État français, de toute nature, affectées à des cautionnements provisoires ou définitifs envers le Trésor ou les administrations publiques, seront calculées à l'avenir, savoir :

1° Pour les dépôts provisoires des soumissionnaires de travaux ou fournitures, au cours moyen de la veille du jour où le dépôt des rentes sera effectué;

2° Pour les cautionnements des comptables, au cours moyen du jour de la nomination, et pour les cautionnements des adjudicataires de fournitures ou entreprises, au cours moyen du jour de l'approbation du marché ou de l'adjudication ;

3° Pour les autres cautionnements que les parties auront été admises à constituer en rentes sur l'État, au cours moyen du jour de la décision ou de l'arrêté qui les aura autorisées à fournir des garanties de cette nature.

28 FÉVRIER. — *Loi fixant de nouveaux droits d'enregistrement.*
— Extrait —

ARTICLE PREMIER. La quotité du droit fixe d'enregistrement auquel sont assujettis, par la loi du 22 frimaire an VII et par les lois subséquentes, les actes ci-après, sera déterminée ainsi qu'il suit, savoir :

6° Les délivrances de legs, par le montant des sommes ou par la valeur des objets légués;

9° Les adjudications et marchés pour constructions, réparations, entretien, approvisionnements et fournitures dont le prix doit être payé directement par le Trésor public, et les cautionnements relatifs à ces adjudications et marchés, par le prix exprimé ou par l'évaluation des objets.

Art. 2. Le taux du droit établi par l'article précédent est fixé ainsi qu'il suit :

A 5 francs pour les sommes ou valeurs de 5,000 francs et au-dessous, et pour les actes ne contenant aucune énonciation de sommes et valeurs ni dispositions susceptibles d'évaluation;

A 10 francs pour les sommes ou valeurs supérieures à 5,000 francs, mais n'excédant pas 10,000 francs ;

A 20 francs pour les sommes ou valeurs supérieures à 10,000 francs, mais n'excédant pas 20,000 francs ;

Et ensuite à raison de 20 francs par chaque somme ou valeur de 20,000 francs ou fraction de 20,000 francs.

Si les sommes ou valeurs ne sont pas déterminées dans l'acte, il y sera suppléé conformément à l'article 16 de la loi du 22 frimaire an VII (1).

Art. 3. Si, dans le délai de deux années à partir de l'enregistrement des actes spécifiés en l'article premier ci-dessus, la dissimulation des sommes ou valeurs ayant servi de base à la perception du droit est établie par des actes ou écrits émanés des parties ou par des jugements, il sera perçu, indépendamment des droits simples supplémentaires, un droit en sus, lequel ne peut être inférieur à 50 francs.

Art. 4. Les divers droits fixes auxquels sont assujettis par les lois en vigueur les actes civils, administratifs ou judiciaires, autres que ceux dénommés en l'article premier, sont augmentés de moitié.

Les actes de prestation de serment des gardes des particuliers et des agents salariés par l'État, les départements et les communes, dont le traitement et les accessoires n'excèdent pas 1,500 francs, ne seront soumis qu'à un droit de 3 francs.

30 mars. — *Loi relative au droit de transmission sur les lettres au porteur, au taux d'abonnement, au timbre des titres de gage et obligations du Crédit foncier, aux droits sur les titres émis par les villes, provinces et établissements publics étrangers. — Extrait.*

Art. 5. A partir du 1er janvier 1873, la taxe annuelle représentative des droits de transmission entre-vifs et par décès, fixée par l'article premier de la loi du 20 février 1849, est élevée à soixante-dix centimes par franc du principal de la contribution foncière.

Cette taxe sera, en outre, soumise à l'avenir aux décimes auxquels sont assujettis les droits d'enregistrement.

(1) Loi du 22 frimaire an VII : Art 16. Si les sommes et valeurs ne sont pas déterminées dans un acte ou un jugement donnant lieu au droit proportionnel, les parties seront tenues d'y suppléer avant l'enregistrement par une déclaration estimative certifiée et signée au pied de l'acte.

29 JUIN. — *Loi relative à un impôt sur les revenus des valeurs mobilières.*

ARTICLE PREMIER. Indépendamment des droits de timbre et de transmission ètablis par les lois existantes, il est établi, à partir du 1er juillet 1872, une taxe annuelle et obligatoire:

2° Sur les arrérages et intérêts annuels des emprunts et obligations des départements, communes et établissements publics.

ART. 2. Le revenu est déterminé ;

Pour les actions, par le dividende fixé, d'après les délibérations des assemblées générales d'actionnaires ou des conseils d'administration, les comptes rendus ou tous autres documents analogues ;

2° Pour les obligations ou emprunts, par l'intérêt ou le revenu distribué dans l'année.

ART. 3. La quotité de la taxe établie par la présente loi est fixée à 3 0/0 du revenu des valeurs spécifiées en l'article premier.

Le montant en est avancé, sauf leurs recours, par les compagnies, sociétés, entreprises, villes, départements ou établissements publics.

Pour l'année 1872, les revenus, intérêts et dividendes, seront sujets à la taxe pour moitié seulement de leur montant, quelle que soit d'ailleurs l'époque à laquelle le paiement aura lieu.

A partir de la promulgation de la présente loi, le taux des droits et taxes établis par la loi du 23 juin 1857 et par celles des 16 septembre 1871 et 30 mars 1872, est réduit ainsi qu'il suit, savoir :

A 50 centimes par 100 francs pour la transmission ou la conversion des titres nominatifs ;

A 20 centimes par 100 francs pour la taxe à laquelle sont assujettis les titres au porteur.

Ces droits et taxes ne sont pas soumis aux décimes.

ART. 4. Les actions, obligations, titres d'emprunts, quelle que soit d'ailleurs leur dénomination, des sociétés, compagnies, entreprises, corporations, villes, provinces étrangères, ainsi que tout autre établissement public étranger, sont soumis à une taxe équivalente à celle qui est établie par la présente loi sur le revenu des valeurs françaises.

Les titres étrangers ne pourront être cotés, négociés, exposés en vente ou émis en France qu'en se soumettant à l'acquittement de cette taxe, ainsi que des droits de timbre et de transmission.

Un règlement d'administration publique fixera le mode d'établissement et de perception de ces droits, dont l'assiette pourra reposer sur une quotité déterminée du capital social.

Le même règlement déterminera les époques de paiement de la taxe, ainsi que toutes les autres mesures nécessaires pour l'exécution de la présente loi (1).

(1) Voir *infra,* décret du 6 décembre 1872.

6 DÉCEMBRE. — *Décret relatif à la taxe établie par la loi du 29 juin 1872 sur les revenus des actions et obligations et emprunts des départements, communes et établissements publics.* — *Extrait.*

ARTICLE PREMIER. La taxe de 3 0/0 établie par la loi du 29 juin 1872 est avancée par les sociétés, compagnies, entreprises, départements, communes et établissements publics, et payée au bureau de l'enregistrement du siège social ou administratif désigné à cet effet, savoir :

1° Pour les obligations, emprunts et autres valeurs dont le revenu est fixé et déterminé à l'avance, en quatre termes égaux, d'après les produits annuels afférents à ces valeurs ;

2° Pour les actions, parts d'intérêt, commandites et emprunts à revenu variable, en quatre termes égaux déterminés provisoirement d'après le résultat du dernier exercice réglé, et calculés sur les quatre cinquièmes du revenu s'il en a été distribué, et, en ce qui concerne les sociétés nouvellement créées, sur le produit évalué à 5 0/0 du capital appelé.

Chaque année, après la clôture des écritures relatives à l'exercice, il est procédé à une liquidation définitive de la taxe due pour l'exercice entier. Si de cette liquidation il résulte un complément de taxe au profit du Trésor, il est immédiatement acquitté. Dans le cas contraire, l'excédent versé est imputé sur l'exercice courant ou remboursé si la société est arrivée à son terme ou si elle cesse de donner des revenus.

ART. 2. Les paiements à faire en quatre termes doivent être effectués dans les vingt premiers jours des mois de janvier, avril, juillet et octobre de chaque année.

La liquidation définitive a lieu au moment du dépôt, prescrit par l'article 2 de la loi du 29 juin 1872, des comptes rendus et extraits des délibérations des assemblées générales d'actionnaires ou des conseils d'administration, ou de tous autres documents analogues fixant le dividende distribué.

Cette liquidation doit être établie dans les vingt premiers jours du mois de mai pour les sociétés auxquelles leurs statuts n'imposent pas l'obligation de prendre des délibérations sur cet objet. Dans ce cas, la liquidation définive est opérée à raison de 5 0/0 du prix moyen des cessions de parts d'intérêt consenties pendant l'année précédente et dûment enregistrées, et, à défaut de cessions, d'après l'évaluation à 5 0/0 du montant du capital social ou de la commandite.

ART. 5. La caisse des dépôts et consignations est autorisée à payer directement à Paris, au bureau qui sera désigné, la taxe annuelle due à raison des prêts de toute nature qu'elle a faits à des départements, communes et établissements publics.

ART. 6. Les dispositions des articles 1, 2 et 5 qui précèdent sont applicables à la taxe due, pour l'année 1872, sur la moitié des revenus, intérêts et dividendes distribués, quelle que soit d'ailleurs l'époque du paiement.

Le premier versement aura lieu dans les vingt jours de la promulgation du présent décret.

A cette époque, les sociétés qui n'auront pas encore effectué le dépôt prescrit par l'article 2 de la loi du 29 juin 1872 devront remettre au receveur de l'enregistrement les extraits ou comptes rendus des délibérations des assemblées générales d'actionnaires ou des conseils d'administration ou de tous autres documents analogues qui ont fixé le total du dividende distribué pour le dernier exercice.

1873

21 mai. — *Loi relative aux commissions administratives des hospices, hôpitaux et bureaux de bienfaisance* (1).

Art. 3. La présidence appartient au maire ou à l'adjoint, ou au conseiller municipal remplissant dans leur plénitude les fonctions de maire. Le président a voix prépondérente en cas de partage.

Les commissions nomment tous les ans un vice-président. En cas d'absence du maire et du vice-président, la présidence appartient au plus ancien des membres présents, et à défaut d'ancienneté au plus âgé.

Les fonctions de membres des commissions sont gratuites.

Art. 6. Les receveurs des établissements charitables sont nommés par les préfets, sur la présentation des commissions administratives.

En cas de refus motivé par le préfet, les commissions sont tenues de présenter d'autres candidats.

Le receveur peut, sur la proposition de la commission administrative et avec l'autorisation du préfet cumuler ses fonctions avec celles de secrétaire de la commission.

Les receveurs ne peuvent être révoqués que par le ministre de l'intérieur (2).

Art. 7. Les commissions administratives des hospices et hôpitaux pourront, de concert avec les bureaux de bienfaisance, assister à domicile les malades indigents.

A cet effet, elles sont autorisées, par extension de la faculté ouverte par l'article 17 de la loi du 7 août 1851, à disposer des revenus hospitaliers, jusqu'à concurrence du quart, pour les affecter au traitement des malades à domicile et à l'allocation de secours annuels en faveur des vieillards ou infirmes placés dans leurs familles.

La portion des revenus ainsi employés pourra être portée au tiers avec l'assentiment du conseil général.

Art. 8. Il n'est point dérogé par la présente loi aux ordonnances, décrets et autres actes du pouvoir exécutif, en vertu desquels certains hospices et bureaux de bienfaisance sont organisés d'une manière spéciale.

(1) Les articles 1, 2, 4 et 5 ont été abrogés par la loi du 5 août 1879. Voir *infra*.
(2) Voir Partie supplémentaire : Instructions du 25 juin 1873.

1875

7 juin. — *Décret qui dispense les hospices et autres établissements de bienfaisance de l'accomplissement de la formalité de la purge des hypothèques pour les acquisitions d'immeubles dont le prix n'excède pas 500 francs. — Extrait.*

Article premier. Les présidents des commissions administratives ou des conseils d'administration des hospices et autres établissements publics de bienfaisance pourront, s'ils sont autorisés à cet effet par délibérations de ces commissions ou conseils approuvées par les préfets, se dispenser de remplir les formalités de la purge des hypothèques, lorsqu'il s'agira d'acquisitions d'immeubles faites à l'amiable, ou en vertu de la loi du 3 mai 1841 sur l'expropriation pour cause d'utilité publique, et dont le prix n'excédera pas cinq cents francs.

1876

27 juin. — *Décret relatif au traitement des receveurs des communes, des hospices et des bureaux de bienfaisance.*

Article premier. A partir du 1er janvier 1877, les receveurs des communes, des hospices et des bureaux de bienfaisance seront rémunérés au moyen d'un traitement fixe arrêté par le préfet, sur la proposition du trésorier-payeur général et d'après les bases indiquées à l'article 2.

Art. 2. Ce traitement sera déterminé par l'application du tarif des ordonnances des 17 avril et 23 mai 1839 et du décret du 7 octobre 1850 à la moyenne des opérations, tant ordinaires qu'extraordinaires, de recettes et de dépenses, effectuées pendant les exercices 1867-68-69-72-73, déduction faite des opérations reconnues non passibles de remises pendant les mêmes exercices, et sans tenir compte du dixième en plus ou en moins dont les conseils municipaux et les commissions administratives auraient augmenté ou réduit le tarif des ordonnances et décrets précités.

Art. 3. Si, pendant un ou plusieurs des cinq exercices énumérés à l'article 2, des opérations exceptionnelles ont été exécutées par les communes et les établissements, le préfet, pour la fixation du traitement, pourra, sur la demande des communes ou des établissements, distraire ces opérations du décompte.

Art. 4. Les réclamations formées par les receveurs, les communes et les établissements contre le chiffre du traitement arrêté par le préfet seront soumises au ministre de l'intérieur, qui statuera définitivement.

Elles devront être présentées dans le délai de deux mois à partir de la notification de l'arrêté du préfet.

Art. 5. Les conseils municipaux et les commissions administratives pourront, avec l'approbation du préfet et sur l'avis du trésorier-payeur général, élever d'un dixième le traitement de leur receveur, fixé comme il vient d'être dit.

Art. 6. Les frais de bureau ne seront supportés par les receveurs que jusqu'à concurrence du quart de leur traitement; le surplus sera à la charge de la commune ou de l'établissement.

En cas de désaccord entre le comptable et la commune ou l'établissement sur le chiffre de ces frais, le préfet statuera, après avoir pris l'avis du trésorier-payeur général et sauf recours au ministre de l'intérieur.

Art. 7. Chaque fois que la moyenne des revenus ordinaires des cinq exercices sera supérieure ou inférieure d'un dixième à celle des exercices qui auront servi à l'établir, le traitement pourra, sur la demande de la commune, de l'établissement ou du receveur, être revisé par le préfet, sauf recours au ministre de l'intérieur.

L'augmentation ou la réduction du traitement sera déterminée au moyen de l'application du tarif doublé des ordonnances des 17 avril et 23 mai 1839, à tous les revenus ordinaires, quels qu'ils soient, formant la différence en plus ou en moins.

Ce tarif sera employé suivant les tranches dans lesquelles tomberaient lesdits revenus si l'on avait à calculer des remises conformément aux ordonnances précitées.

Art. 8. En cas de création d'un établissement de bienfaisance, le traitement du receveur sera fixé par le préfet, sauf le recours indiqué à l'article 4, en prenant pour base le chiffre des revenus ordinaires prévus au budget du nouvel établissement, et en appliquant le tarif doublé des ordonnances de 1839.

Le traitement ainsi fixé pourra être revisé, dans les conditions déterminées par l'article 7, à partir de l'expiration des cinq premiers exercices.

Art. 9. Le présent décret n'est pas applicable aux villes de Paris et de Lyon, déjà soumises, pour le traitement de leur receveur, à un régime spécial.

Art. 10. Les dispositions antérieures au présent décret cesseront d'être en vigueur à partir du 1er janvier 1877.

1877

7 juillet. — *Loi relative à l'organisation des services hospitaliers de l'armée dans les hôpitaux militaires et dans les hospices civils.*

Article premier. Chacun des corps d'armée de l'intérieur aura, dans la région qu'il occupe, et autant que possible au chef-lieu du corps d'armée, un établissement hospitalier militaire destiné à l'instruction spéciale du personnel, à la préparation et à l'entretien du matériel nécessaire au corps d'armée pour le service hospitalier, en cas de mobilisation.

Art. 2. A l'exception des hôpitaux régionaux, des hôpitaux permanents des gouvernements de Paris et de Lyon et des hôpitaux thermaux, tous les autres hôpitaux militaires pourront être successivement supprimés quand, dans les villes où ils existent, les hospices civils appropriés à cet effet seront en état d'assurer en tous temps le service médical militaire.

Toutefois ces suppressions ne pourront avoir lieu qu'en vertu d'une disposition formelle de la loi de finances de chaque année.

Art. 3. Dans les localités où il n'existera pas d'hôpitaux militaires et dans celles où ils seront insuffisants, les hospices civils seront tenus de recevoir et de traiter les malades de l'armée qui leur seront envoyés par l'autorité militaire.

Art. 4. Les hospices civils seront, à cet effet, par décret du président de la République, rendu sur la proposition des ministres de la guerre et de l'intérieur, divisés en deux catégories : 1° les hôpitaux mixtes ou militarisés ; 2° les hôpitaux civils proprement dits.

Seront classés dans la première catégorie les hôpitaux civils où il y aura des salles spécialement réservées aux malades militaires.

Toutes les fois qu'une garnison atteindra le chiffre de trois cents hommes, les malades militaires seront soignés dans des salles spéciales et soumis, autant que possible, sous le rapport du régime hospitalier, aux règlements en vigueur dans les hôpitaux militaires.

Seront classés dans la seconde catégorie les hôpitaux des villes où les garnisons n'atteindront pas le chiffre de trois cents hommes ; les malades militaires seront soignés dans les salles ordinaires, s'il n'est pas possible d'avoir des salles spéciales, et soumis au régime de l'hôpital civil.

Lorsque l'effectif d'une garnison sera de mille hommes au moins, le traitement des malades sera toujours confié aux médecins militaires ; au dessous de ce chiffre, les malades militaires seront soignés par les médecins militaires toutes les fois que le personnel médical de la garnison le permettra. En cas d'insuffisance, le service des salles militaires sera fait par des médecins civils.

Dans les hôpitaux civils proprement dits, les malades de l'armée seront soignés par les médecins civils.

Quand des malades militaires seront soignés par des médecins civils, le médecin de la garnison aura le droit de les visiter ; mais, sous aucun prétexte, il ne pourra s'immiscer dans le traitement ni donner des ordres dans le service.

Art. 5. Les obligations imposées aux hospices civils ne peuvent, dans aucun cas, porter préjudice au service des fondations et de l'Assistance publique.

L'État doit à ces établissements une allocation égale aux frais qui leur incombent par suite du traitement des malades militaires.

Art. 6. La dépense des travaux de construction ou d'appropriation reconnus nécessaires pour l'établissement, dans les hospices civils, des services hospitaliers des garnisons, est exclusivement à la charge de l'État. Nul travail ne pourra être exécuté sans l'assentiment de la commission administrative de l'hôpital et du conseil municipal de la ville, et sans l'accord préalable des ministres de la guerre et de l'intérieur.

Toutefois les traités particuliers conclus avec les communes qui ont pris envers l'État l'engagement d'assurer le traitement des malades militaires dans les hôpitaux civils demeurent exécutoires.

Art. 7. Une convention passée entre le représentant du ministre de la guerre et la commission administrative de l'hôpital déterminera pour chaque hôpital, suivant la catégorie à laquelle il appartiendra, le régime spécial à cet établissement, les conditions d'application du règlement militaire et la dette correspondante de l'État.

Le nombre de lits à affecter aux malades militaires dans les hospices civils sera fixé de gré à gré entre les commissions administratives et le ministre de la guerre ou son représentant.

Cette convention ne sera exécutoire qu'après avoir été approuvée par le conseil municipal et ratifiée par les ministres de la guerre et de l'intérieur.

En cas de désaccord entre les deux ministres, la commission administrative de l'hôpital ou le conseil municipal, les conditions et le prix du traitement des militaires seront réglés par un décret rendu en Conseil d'État.

La convention aura une durée de cinq années ; elle pourra, exceptionnellement, être revisée dans cet intervalle, à la condition qu'il y ait accord entre toutes les parties.

Les contestations qui pourront s'élever sur l'exécution soit de la convention, soit du décret rendu à défaut de convention, seront portées devant le conseil de préfecture du département où est situé l'hôpital, et, en cas d'appel, devant le Conseil d'État.

Ces dispositions sont également applicables aux contestations qui pourront surgir entre les commissions administratives des hospices et les communes qui ont pris, envers l'État, l'engagement d'assurer le traitement des malades militaires dans les hôpitaux civils.

Art. 8. Un règlement d'administration publique pourvoira à l'exécution de la loi sur les bases ci-dessus établies (1).

Art. 9. Dans les six mois qui suivront la publication du règlement d'administration publique, les commissions administratives des hôpitaux pourront demander, nonobstant les conventions en cours d'exécution, qu'il leur soit fait application des dispositions de la présente loi.

Il sera fait droit à ces demandes dans un délai de même durée et conformément aux prescriptions de l'article 7.

Art. 10. Sont abrogées toutes les dispositions des lois, ordonnances, décrets et règlements contraires à la présente loi.

1879

1er août. — *Décret portant règlement d'administration publique pour l'exécution de la loi du 7 juillet 1877, relative à l'organisation des*

(1) Voir décret du 1er août 1879 ci-après.

services hospitaliers de l'armée dans les hôpitaux militaires et dans les hospices civils.

TITRE PREMIER. — DES HOSPICES MIXTES OU MILITARISÉS.

ARTICLE PREMIER. Le nombre de lits affectés aux malades militaires est déterminé d'après l'effectif normal du pied de paix des troupes composant la garnison dans la ville où est situé l'hospice.

Ce nombre ne peut dépasser que dans les cas exceptionnels le vingt-cinquième dudit effectif, tel qu'il est fixé par les lois en vigueur.

ART. 2. Les dimensions et l'aménagement des salles militaires assurent la séparation des malades en trois catégories, conformément aux prescriptions du règlement sur le service de santé de l'armée, l'isolement des malades atteints d'affections contagieuses, et la disposition pour chaque lit d'un cube d'air de quarante mètres.

ART. 3. Les officiers sont traités dans des salles spéciales. Il en est de même, à moins d'impossibilité, pour les sous-officiers.

Des chambres particulières sont réservées aux officiers supérieurs.

Des locaux accessoires comprennent un cabinet pour le chef du service médical et un vestiaire pour le dépôt des effets des malades entrants.

L'hospice doit, en outre, mettre une salle à la disposition de l'autorité militaire, lors des réunions périodiques exigées par le service militaire.

Dans les hospices où les salles militaires comprennent cinquante lits ou plus, un local spécial, aménagé à cet usage, est réservé pour les consignés et les détenus. Ce local contient un nombre de lits égal au trentième des lits affectés au service de l'armée.

ART. 4. Lorsque les locaux existants ne permettent pas l'organisation du service hospitalier militaire dans les conditions ci-dessus prescrites, sans préjudice pour le service des fondations et de l'Assistance publique, ou lorsque l'aménagement des bâtiments disponibles est insuffisant, le ministre de la guerre, sur le rapport de l'autorité militaire, fait procéder à l'étude des travaux nécessaires de construction ou d'appropriation.

A cet effet, une commission composée : d'un sous-intendant militaire, président, désigné par l'intendant militaire du corps d'armée ; du commandant du génie de l'arrondissement ; d'un officier de la garnison et d'un officier de santé militaire désignés par l'autorité militaire ; du maire de la ville ; d'un membre de la commission administrative de l'hospice, délégué par cette commission, et de l'architecte de l'hospice, constate l'état des bâtiments, détermine la nature et l'importance des travaux à entreprendre et en évalue approximativement la dépense.

Cette commission est constituée à la diligence de l'intendant militaire du corps d'armée. Elle tient procès-verbal de ses délibérations.

ART. 5. L'intendant militaire du corps d'armée transmet au ministre de la guerre, par voie hiérarchique, le procès-verbal de la commission, en y joignant un projet détaillé, dressé par le commandant du génie.

Copie de ces documents est adressée par l'intendant militaire au préfet, qui appelle la commission administrative de l'hospice et le conseil municipal à délibérer sur le projet et transmet le dossier de l'affaire au ministre de l'intérieur.

Il est statué conformément aux dispositions de l'article 6 de la loi du 7 juillet 1877.

Art. 6. Si, au cours de la convention quinquennale passée en exécution de l'article 7 de la loi du 7 juillet 1877, l'installation matérielle des salles militaires est jugée insuffisante par le ministre de la guerre, il est procédé dans les formes prescrites par les articles 4 et 5 du présent règlement.

Art. 7. Les travaux faits au compte de l'État sont exécutés soit par le service du génie militaire, soit sous sa surveillance.

Art. 8. Les grosses réparations et l'entretien des bâtiments affectés au service hospitalier militaire sont à la charge de l'État lorsque les bâtiments ont été construits par lui.

Art. 9. A l'exception des instruments de chirurgie, dont l'acquisition, l'entretien et le renouvellement sont à la charge de l'État, le matériel nécessaire au traitement des malades militaires est fourni et entretenu par l'hospice.

Art. 10. Les malades militaires sont admis sur le vu d'un billet d'entrée et dans les conditions fixées par le règlement sur le service de santé de l'armée.

Ils sont traités, en ce qui concerne le service médical, l'alimentation et le régime pharmaceutique, conformément aux prescriptions du même règlement.

Art. 11. Le ministre de la guerre peut, selon qu'il le juge nécessaire, faire effectuer le service des salles militaires par des infirmiers de l'armée, dont il fixe le nombre, ou par des servants civils qui sont fournis par l'hospice.

Dans le cas où il y a lieu de substituer soit des infirmiers de l'armée aux servants civils, soit des servants civils aux infirmiers de l'armée, il en est donné avis, par le ministre de la guerre, deux mois d'avance à la commission administrative.

Art. 12. S'il se produit dans les salles militaires des cas qui fassent craindre une épidémie, le chef du service médical en donne immédiatement avis à la commission administrative.

A la fin de chaque année, il remet à cette commission les renseignements médicaux nécessaires à l'établissement du compte moral de l'hospice.

Art. 13. L'autorité militaire chargée de l'administration des hôpitaux exerce dans les salles militaires les attributions qui lui appartiennent dans les hôpitaux militaires. Elle a, en outre, le droit de surveiller la partie des services généraux commune aux malades civils et aux malades militaires.

Art. 14. La commission administrative conserve la direction des services généraux de l'hospice, ainsi que le choix des sœurs ou servants civils attachés aux salles militaires.

Elle a, dans les salles militaires, les droits et les attributions qui sont dévolus, dans les hôpitaux militaires, aux officiers d'administration comptables.

Art. 15. Lorsque les médecins civils sont appelés, en raison de l'insuffisance du nombre des médecins de l'armée, à soigner une partie des malades militaires, les services sont divisés sans que le traitement d'une même salle puisse être partagé entre les médecins civils et les médecins militaires.

Art. 16. Dans les villes où il existe une faculté ou une école de médecine, les élèves en médecine admis au stage militaire peuvent, sous l'autorité des officiers de santé de l'armée, accomplir ce stage dans les salles militaires.

Art. 17. La commission administrative fait établir pour le service des salles militaires les écritures prescrites par le règlement sur le service de santé de l'armée.

Les registres et imprimés nécessaires sont fournis gratuitement à l'hospice par le ministre de la guerre.

Art. 18. Le commandement, les inspecteurs de l'armée et les inspecteurs civils exercent, dans les limites de leur mission respective, leur action de surveillance et de contrôle sur les services qui concernent les salles militaires.

Art. 19. Le prix de journée payé par l'État à l'hospice comme indemnité des frais résultant du traitement des militaires comprend les dépenses ci-après :

1° Nourriture des malades ;

2° Indemnité locative comprenant les grosses réparations et l'entretien des bâtiments affectés au service militaire, lorsque ces bâtiments n'ont pas été construits aux frais de l'État;

3° Entretien et amortissement du matériel, ledit matériel comprend les objets indiqués au tableau ci-après :

MATÉRIEL PAR LIT.	
1 lit de fer 1 paillasse 1 matelas 1 traversin 2 couvertures 1 table de nuit	1 capote d'infirmerie 1 pantalon 1 paire pantoufles
et 1 oreiller par 10 lits.	

4° Linge, blanchissage et médicaments pour les malades, service de propreté, éclairage et chauffage des salles militaires, part afférente au service de ces salles dans les frais généraux de l'hospice;

5° Nourriture et blanchissage du personnel de service ; gages de ce personnel, lorsqu'il est fourni par l'hospice.

Il n'est dû qu'une journée de servant civil pour six journées de malades.

Art. 20. Les dépenses auxquelles donne lieu le décès d'un militaire à l'hospice comprennent le service religieux, le cercueil, le suaire, les frais d'enterrement et l'apposition d'une croix.

Ces dépenses sont remboursées par l'État, suivant un tarif fixé par la convention.

Tous frais excédant le tarif et demandés par la famille sont réglés directement par elle.

Art. 21. Si, au cours de la convention, le ministre de la guerre jugeait nécessaire, dans l'intérêt de l'armée, d'apporter des améliorations dans le service des malades militaires, il ne pourrait en réclamer l'application dans les hospices que moyennant la révision de la convention et des allocations dues par l'État.

Art. 22. Les appareils prothétiques, tels que jambes de bois, bandages, etc., sont fournis par l'hospice. Le prix en est remboursé par l'État, conformément aux factures.

TITRE II. — Des hospices civils proprement dits.

Art. 23. Les malades militaires sont traités à tous égards comme les malades civils et soumis au régime général de l'établissement.

Toutefois, les malades militaires ne sont placés dans les salles civiles que s'il est impossible de leur affecter une salle spéciale.

Art. 24. Les militaires ne peuvent, sous aucun prétexte, être conservés dans l'hospice lorsque leur traitement est terminé.

L'autorité militaire exerce à cet égard la surveillance définie par le règlement sur le service de santé de l'armée.

Art. 25. L'allocation due par l'État est fixée par journée de malades, et déterminée de gré à gré par la convention passée entre le représentant du ministre de la guerre et la commission administrative.

Art. 26. Les dispositions contenues dans les articles 3 (paragraphe 1er), 10 (paragraphe 1er), 13, 17, 18, 20 et 22 sont applicables aux hospices civils proprements dits.

5 août. — *Loi relative à la nomination des membres des commissions administratives des hospices, des hôpitaux et des bureaux de bienfaisance.*

Article premier. Les articles 1, 2, 4 et 5 de la loi du 21 mai 1873, relative aux commissions administratives des hospices et des bureaux de bienfaisance, sont abrogés et remplacés par les articles suivants :

« Article premier. Les commissions administratives des hospices et hôpitaux et celles des bureaux de bienfaisance sont composées du maire et de six membres renouvelables.

» Deux des membres de chaque commission sont élus par le conseil municipal.

» Les quatre autres membres sont nommés par le préfet.

» Art. 2. Le nombre des membres renouvelables peut, en raison de l'im- » portance des établissements et des circonstances locales, être augmenté par » un décret spécial rendu sur l'avis du Conseil d'État.

» Dans ce cas, l'augmentation aura lieu par nombre pair, afin que le droit » de nomination s'exerce, dans une proportion égale, par le conseil municipal » et par le préfet.

» Art. 4. Les délégués du conseil municipal suivent le sort de cette assemblée » quant à la durée de leur mandat; mais, en cas de suspension ou de disso- » lution du conseil municipal, ce mandat est continué jusqu'au jour de la » nomination des délégués par le nouveau conseil municipal.

» Les autres membres renouvelables sont nommés pour quatre ans. Chaque » année la commission se renouvelle par quart.

» Les membres sortants sont rééligibles.

» Si le remplacement a lieu dans le cours d'une année, les fonctions du » nouveau membre expirent à l'époque où auraient cessé celles du membre » qu'il a remplacé.

» Ne sont pas éligibles ou sont révoqués de plein droit les membres qui se » trouveraient dans un des cas d'incapacité prévus par les lois électorales.

» L'élection des délégués du conseil municipal a lieu au scrutin secret, à » la majorité absolue des voix. Après deux tours de scrutin, la majorité rela- » tive suffit, et, en cas de partage, le plus âgé des candidats est élu.

» Art. 5. Les commissions pourront être dissoutes et leurs membres révo- » qués par le ministre de l'intérieur.

» En cas de dissolution ou de révocation, la commission sera remplacée ou » complétée dans le délai d'un mois.

» Les délégués des conseils municipaux ne pourront, s'ils sont révoqués, » être réélus pendant une année.

» En cas de renouvellement total ou de création nouvelle, les membres que » l'article premier laisse à la nomination du préfet seront, sur sa proposition, » nommés par le ministre de l'intérieur.

» Le renouvellement par quart sera déterminé par le sort à la première » séance d'installation. »

1884

5 avril. — *Loi municipale.*

Art. 70. Le conseil municipal est toujours appelé à donner son avis sur les objets suivants :

5° Les budgets et les comptes des hospices, hôpitaux et autres établissements de charité et de bienfaisance, des fabriques et autres administrations préposées aux cultes dont les ministres sont salariés par l'État; les autorisations d'acquérir, d'aliéner, d'emprunter, d'échanger, de plaider ou de transiger, demandées par les mêmes établissements ; l'acceptation des dons et legs qui leur sont faits.

Art. 97. La police municipale a pour objet d'assurer le bon ordre, la sûreté et la salubrité publiques.

Elle comprend notamment ;

7° Le soin de prendre provisoirement les mesures nécessaires contre les aliénés dont l'état pourrait compromettre la morale publique, la sécurité des personnes ou la conservation des propriétés.

Art. 119. Les délibérations des commissions administratives des hospices, hôpitaux et autres établissements charitables communaux concernant un emprunt sont exécutoires en vertu d'un arrêté du préfet, sur avis conforme du conseil municipal, lorsque la somme à emprunter ne dépasse pas le chiffre des revenus ordinaires de l'établissement et que le remboursement doit être effectué dans un délai de douze années.

Si la somme à emprunter dépasse ledit chiffre ou si le délai de remboursement excède douze années, l'emprunt ne peut être autorisé que par un décret du président de la République.

Le décret est rendu en conseil d'État si l'avis du conseil municipal est contraire ou s'il s'agit d'un établissement ayant plus de 100,000 francs de revenu.

L'emprunt ne peut être autorisé que par une loi, lorsque la somme à emprunter depasse 500,000 francs ou lorsque ladite somme, réunie aux chiffres d'autres emprunts non encore remboursés, dépasse 500,000 francs.

Art. 120. Les délibérations par lesquelles les commissions administratives chargées de la gestion des établissements publics communaux changeraient en totalité ou en partie l'affectation des locaux ou objets immobiliers ou mobiliers appartenant à ces établissements dans l'intérêt d'un service public ou privé quelconque, ou mettraient à la disposition, soit d'un autre établissement public ou privé, soit d'un particulier, lesdits locaux et objets, ne sont exécutoires qu'après avis du conseil municipal, et en vertu d'un décret rendu sur la proposition du ministre de l'intérieur.

Art. 157. Les comptes du receveur municipal sont apurés par le conseil de préfecture, sauf recours à la Cour des comptes pour les communes dont les revenus ordinaires dans les trois dernières années n'excèdent pas 30,000 francs.

Ils sont apurés et définitivement réglés par la Cour des comptes pour les communes dont le revenu est supérieur.

Ces distinctions sont applicables aux comptes des trésoriers des hôpitaux et aux autres établissements de bienfaisance.

FIN DE LA PARTIE PRINCIPALE.

PARTIE SUPPLÉMENTAIRE

AN VIII

2 PRAIRIAL. — *Circulaire ministérielle relative aux saisies sur les biens des hospices.*

Les saisies ordonnées par les tribunaux sur les biens des hospices sont illégales. Les biens affectés à la dépense des hospices sont insaisissables. La marche à suivre pour le paiement de la dette des hospices doit être la même que celle que les lois ont prescrite pour le paiement des dettes du gouvernement. Les créanciers ne peuvent se pourvoir que par voie administrative. Les tribunaux ne sont nullement compétents pour connaître des actions qu'ils intentent.

5 MESSIDOR. — *Circulaire ministérielle relative à l'ordre de la correspondance.*

Les commissions administratives ne doivent pas s'adresser directement au ministre pour lui faire connaître leurs besoins; elles ne doivent correspondre qu'avec les sous-préfets, sous la surveillance desquels elles se trouvent immédiatement placées.

AN IX

23 VENTÔSE. — *Circulaire ministérielle concernant les enfants abandonnés.*

Les enfants de parents inconnus restent à la charge de la nation; seuls ils ont des droits aux secours du gouvernement; la bienfaisance des administrations locales doit prendre soin de tous les autres.

3 FLORÉAL. — *Circulaire ministérielle concernant les baux à longues années* (1).

Les délibérations des commissions tendant à obtenir l'autorisation du gouvernement devront être détaillées et motivées de manière à faire apprécier facilement les avantages de la concession à longs termes; elles devront être en quelque sorte le mémoire expositif des vues des commissions sur les clauses,

(1) Voir Partie principale : Arrêté du 7 germinal an IX.

charges et conditions qu'elles seront dans le cas d'insérer dans les baux de cette nature.

Les grosses et menues réparations, les contributions de toute espèce doivent naturellement faire partie des charges à imposer aux fermiers par baux à longues années.

Les constructions, marnages, plantations et améliorations que les fermiers auront pu faire dans le cours de leurs baux, paraissent devoir profiter exclusivement aux hospices, à l'expiration des baux, sans qu'ils aient à payer aux fermiers ou à leurs représentants aucune espèce d'indemnité.

Le mode de stipulation du paiement du prix des baux doit aussi faire l'objet d'une condition particulière qui puisse mettre les hospices à l'abri des variations dans le signe monétaire. Les stipulations en argent pour les baux à longues années peuvent donner lieu à des chances désavantageuses : on peut les éviter, en stipulant le prix en nature, rachetable sur un pied déterminé.

Les commissions administratives, ne devant omettre aucune des précautions qui puissent mettre leur gestion à l'abri de tout reproche, ne perdront pas de vue que si, pour des baux ordinaires, il est d'usage d'exiger des cautionnements, elles doivent avec bien plus de raison en exiger pour les baux à longues années.

Deux moyens se présentent pour mettre leur responsabilité à couvert : le premier consiste à exiger l'obligation solidaire d'une caution solvable ; le second consiste à obliger le concessionnaire à verser d'avance, à titre de cautionnement, tout ou partie de la première année du bail.

FLORÉAL. — *Circulaire ministérielle concernant les attributions des sous-préfets et des maires, relativement à l'administration des hospices.*

Les sous-préfets ont dans leurs attributions la surveillance des hôpitaux.

Les maires doivent avoir la présidence des commissions administratives, et, en cas de partage, leur voix est prépondérante.

AN X

28 VENTÔSE. — *Circulaire ministérielle concernant les médicaments qui peuvent être confectionnés par les religieuses.*

Les sœurs de la charité voudraient s'arroger le droit de préparer les médicaments. Les officiers de santé ont adressé à ce sujet des réclamations au ministre de l'intérieur.

Avant de prononcer, le ministre s'est adressé à l'École de médecine pour qu'elle lui donnât son avis.

L'École, dans sa séance du 9 pluviôse, a adopté le règlement suivant :

1° Dans les hospices particuliers dont la direction serait confiée aux sœurs de la charité, ces sœurs seront chargées d'administrer les médicaments prescrits par les officiers de santé, en se conformant exactement aux prescriptions qui leur seront indiquées par ces derniers.

2° Elles seront autorisées à préparer elles-mêmes les tisanes, les potions huileuses, les potions simples, les loochs simples, les cataplasmes, les fomentations, les médecines et autres médicaments magistraux semblables, dont la préparation est si simple qu'elle n'exige pas de connaissances pharmaceutiques bien étendues.

3° Il leur sera interdit de s'occuper des médicaments officinaux, tels que les sirops composés, les pilules, les électuaires, les sels, les emplâtres, les extraits, les liqueurs alcooliques, et généralement tous ceux dont la bonne préparation est subordonnée à l'emploi de manipulations compliquées.

4° Les médicaments officinaux dont le besoin aura été constaté seront procurés aux sœurs par l'administration, laquelle fera faire cette fourniture par un pharmacien légalement reçu.

5° Il en sera de même pour les drogues simples, que l'administration leur fera fournir par un droguiste connu, dont la capacité soit constatée.

6° Les officiers de santé attachés aux hospices veilleront à ce que le local destiné à l'établissement de la pharmacie confiée aux sœurs soit situé de manière que les médicaments ne soient pas altérés par l'humidité, la lumière, la chaleur et le froid.

7° Indépendamment de la surveillance habituelle des officiers de santé des hospices, il sera fait, de temps à autre, des visites dans les pharmacies des sœurs, pour s'assurer si les drogues qu'elles auront à leur disposition sont de bonne qualité.

Ces visites seront confiées à des officiers de santé désignés à cet effet, et le procès-verbal de chaque visite sera envoyé à l'administration.

8° Les médicaments que les sœurs conserveront dans leur pharmacie ne devant être destinés que pour les malades des hospices, il leur sera expressément défendu d'en vendre au public, à moins d'une autorisation de l'administration.

9° Elles seront tenues d'inscrire sur un registre les fournitures qui leur seront faites, tant des drogues simples que des drogues composées. Sur un autre registre, elles feront mention de l'emploi de ces mêmes drogues, emploi qui ne pourra être fait que d'après les prescriptions des officiers de santé attachés aux hospices.

10° Toutes les dispositions comprises dans les précédents articles ne pourront avoir lieu que dans les hospices où il n'y aurait pas de pharmaciens salariés; dans le cas contraire, les sœurs ne pourront en aucune manière s'occuper de la préparation des médicaments : les pharmaciens seuls en seront chargés, sauf à eux de se conformer aux règlements particuliers qui seront nécessaires pour assurer le service des hospices auxquels ces pharmaciens seront attachés.

AN XI

8 BRUMAIRE. — *Avis du conseil d'État portant que les baux n'excédant pas neuf années ne sont pas compris dans les baux à longues années.*

AN XII

17 MESSIDOR. — *Décret qui dispense les hospices du paiement du droit exigé pour l'érection d'oratoires particuliers.*

AN XIII

4 FRUCTIDOR. — *Avis du conseil d'État portant que les hospices qui exploitent leurs vignes ne peuvent prétendre qu'à la même exemption de droits qui est accordée aux particuliers.*

1807

18 AOUT. — *Décret qui prescrit les formes à suivre pour les saisies-arrêts ou oppositions entre les mains des receveurs.*

ARTICLE PREMIER. Indépendamment des formalités communes à tous les exploits, tout exploit de saisie-arrêt ou opposition entre les mains des receveurs exprimera clairement les noms et qualités de la partie saisie ; il contiendra en outre la désignation de l'objet saisi.

ART. 2. L'exploit énoncera pareillement la somme pour laquelle la saisie-arrêt est faite ; et il sera fourni, avec copie de l'exploit, auxdits receveurs, copie ou extrait en forme du titre du saisissant.

ART. 3. A défaut, par le saisissant, de remplir les formalités prescrites ci-dessus, la saisie-arrêt sera regardée comme non avenue.

ART. 4. La saisie-arrêt ou opposition n'aura d'effet que jusqu'à concurrence de la somme portée en l'exploit.

ART. 7. Dans le cas où il serait survenu des saisies-arrêts ou oppositions sur la même partie et pour le même objet, les receveurs seront tenus, dans les certificats qui leur seront demandés, de faire mention desdites saisies-arrêts ou oppositions, et de désigner les noms et élections de domicile des saisissants, et les causes desdites saisies-arrêts ou oppositions.

ART. 8. S'il survient de nouvelles saisies-arrêts depuis la délivrance d'un certificat, les receveurs seront tenus, sur la demande qui leur en sera faite, d'en fournir un extrait contenant les mêmes désignations.

ART. 9. Tout receveur entre les mains duquel il existera une saisie-arrêt ou opposition sur une partie prenante ne pourra vider ses mains sans le consentement des parties intéressées, ou sans y être autorisé par justice.

1816

16 SEPTEMBRE. — *Circulaire qui donne avis du pouvoir conféré aux inspecteurs des finances de vérifier la comptabilité et les caisses des hospices.*

1825

24 MARS. — *Circulaire relative aux formalités concernant l'acceptation de legs faits aux pauvres et aux hospices.*

Les renseignements à adresser à la préfecture sont :
1° Le dégré de parenté des héritiers des testateurs ;
2° Le montant des revenus dont ils jouissent ;
3° La valeur de la totalité des biens du testateur ;
4° Le montant de la totalité des legs qu'il aura faits ;
5° La valeur exacte du legs particulier fait aux hospices.

4 JUIN. — *Circulaire relative à la dénomination des administrations d'établissements charitables.*

Les administrations chargées de la direction des hospices affectés à l'admission des vieillards, des infirmes, des enfants et des malades, s'appellent *commissions administratives.*

6 DÉCEMBRE. — *Circulaire du ministre des finances concernant les remboursements sur les placements au Trésor.*

Les hospices peuvent obtenir le remboursement, par mois, de toute somme égale à un douzième des revenus ordinaires portés au budget, et jusqu'à concurrence de trois cents francs lorsque le douzième ne s'élèvera pas à cette dernière somme.

1828

22 MAI. — *Décision du ministre de l'intérieur pour contraindre les receveurs au placement au Trésor des fonds libres de leur caisse.*

Les receveurs devront placer au Trésor les fonds libres de leur caisse, sous peine d'être passibles des intérêts à dater de la mise en demeure, soit de la commission administrative, soit de toute autorité ayant droit de surveillance sur ces comptables.

1832

26 SEPTEMBRE. — *Circulaire relative à la nomination des membres des comités consultatifs des hospices* (1).

C'est aux sous-préfets qu'il appartient de nommer les membres des comités consultatifs, mais cette nomination est subordonnée à la sanction des préfets.

25 OCTOBRE. — *Arrêté du ministre des finances prescrivant de fournir les cautionnements en rentes avec des rentes nominatives et non pas au porteur.*

1833

25 DÉCEMBRE. — *Arrêté qui établit une inspection pour surveiller et contrôler le service des enfants trouvés ou abandonnés, ainsi que l'administration et la comptabilité des hospices.*

Les fonctions des inspecteurs seront : 1° de vérifier sur les lieux les titres d'admission des enfants à la charge des départements, la stricte exécution des lois et règlements à cet égard et généralement tous les détails de ce service ; 2° de vérifier la gestion et la comptabilité des hospices, de donner aux administrateurs toutes les indications nécessaires pour en régulariser l'administration et de signaler aux préfets les infractions aux lois et règlements en cette matière.

Les administrateurs des hospices seront tenus de leur communiquer tous documents, titres et pièces dont la connaissance pourra leur être utile. Les receveurs et les économes seront obligés, sous leur responsabilité personnelle, de présenter aux inspecteurs tous les détails de leur comptabilité et de leur donner tous les renseignements que leurs fonctions les mettent à même de recueillir.

1834

10 NOVEMBRE. — *Circulaire relative aux droits de mutation pour legs faits aux établissements publics.*

Le délai de six mois, pour la déclaration des legs faits aux établissements publics, ne court que du jour où l'ordonnance qui en autorise l'acceptation a été reçue à la mairie des communes où ils sont situés.

(1) Voir Partie principale : Arrêté du 7 messidor an IX.

20 DÉCEMBRE. — *Circulaire relative aux timbres des factures au-dessous de dix francs.*

Lorsque les hospices auront à se libérer du prix de fournitures ou de travaux entrepris pour leur compte, et que la dépense n'excédera pas dix francs, les commissions administratives pourront dispenser les créanciers de produire une facture ou un mémoire timbré à l'appui de leurs mandats ; mais, dans ce cas, le détail des fournitures devra être énoncé dans le corps des mandats.

1835

20 AOUT. — *Circulaire invitant les administrations des hospices à admettre et à traiter dans ses établissements les indigents atteints de maladies syphilitiques et psoriques.*

1836

20 NOVEMBRE. — *Instruction sur la comptabilité des économes.*

FONCTIONS DES ÉCONOMES. — Ces fonctions consistent : 1° à percevoir, emmagasiner et conserver les denrées et autres objets mobiliers appartenant aux établissements ; 2° à distribuer ces denrées et objets pour le service des établissements ; 3° à passer écriture et à rendre compte de leurs opérations.

LEUR NOMBRE. — Il ne doit y avoir, en général, qu'un économe pour tous les établissements hospitaliers d'une même ville. Cependant rien ne s'opposerait à ce que les fonctions d'économe fussent divisées entre plusieurs agents, si le service devait souffrir de la réunion de tous les magasins dans les attributions d'un seul employé.

Les sœurs hospitalières ne peuvent pas remplir les fonctions d'économe.

L'économe vend les produits du travail intérieur, les objets récoltés dans les jardins attenants aux bâtiments hospitaliers, ou enfin les effets mobiliers hors de service. Il doit en verser immédiatement le prix dans la caisse du receveur.

L'économe fait les achats de denrées et objets mobiliers, en vertu des crédits ouverts par les budgets et d'après les ordres des commissions administratives.

ÉCRITURES ET COMPTES : L'ensemble des écritures de la comptabilité-matières se compose : 1° d'un état des consommations présumées pour le futur exercice ; 2° d'un état des restes en magasin au 31 décembre de l'année écoulée; 3° d'un journal à souche pour l'enregistrement des recettes en matières ; 4° d'un journal général pour l'enregistrement journalier des entrées et des sorties ; 5° d'un grand livre pour l'établissement du compte particulier des diverses natures de denrées; 6° de bordereaux mensuels de situation des comptes du grand-livre ; 7° d'un carnet d'enregistrement des mandats délivrés sur la caisse du receveur, pour le paiement des fournitures versées à l'économe ; 8° d'un relevé des articles du journal général, dont le montant en numéraire n'a pas été payé au 31 décembre ; 9° d'un compte d'économe ; 10° de différents états de développement, pour la justification de certains articles du compte ; 11° d'un bordereau de situation des quantités entrées pendant l'année.

Le journal à souche, le journal général et le grand-livre devront être cotés et paraphés, avant le commencement de l'année à laquelle ils se rapportent, par l'un des membres de la commission administrative.

1837

19 AOUT. — *Avis du Conseil d'État qui décide qu'une commission administrative ne peut traiter avec une communauté religieuse pour la mise en ferme de l'administration intérieure de l'établissement confié à ses soins.*

1838

9 JUIN. — *Circulaire relative à l'exécution de l'ordonnance du* 14 *novembre* 1837 (1).

Lorsque des fournitures ou travaux n'auront pu être adjugés faute d'offres acceptables, l'administration locale est autorisée à traiter de gré à gré.

Le cautionnement que l'on exige quelquefois des concurrents avant l'adjudication pour être admis aux enchères est un dépôt de garantie qui a pour objet de donner l'assurance que l'adjudicataire qui se présente veut faire des offres sérieuses, et de répondre, en tous cas, des résultats de la folle enchère à laquelle il pourrait être nécessaire de recourir. Ce dépôt de garantie n'est pas indispensablement stipulé dans toutes les adjudications ; c'est aux administrations à juger s'il convient ou non d'en faire une condition du cahier des charges.

Le dépôt de garantie devra être restitué aux soumissionnaires après l'adjudication tranchée.

Le cautionnement fourni par l'adjudicataire pour sûreté de ses engagements pendant toute la durée de ses opérations pourra être stipulé en numéraire et conservé dans les caisses des établissements ou, ce qui est préférable, versé en compte courant au Trésor public. Ce dernier cautionnement ne pourra être retiré du Trésor qu'après réception des travaux et liquidation des comptes des entrepreneurs et sur une autorisation spéciale du préfet. Quand les cautionne-

(1) Voir cette ordonnance ; Partie principale.

ments seront fournis en rentes sur l'État, les inscriptions seront remises au Trésor public. Enfin, lorsque cette garantie sera l'objet d'une hypothèque, l'inscription sera prise au nom des administrations intéressées. Il sera dans ce cas convenable de stipuler que les immeubles seront libres de tous privilèges et hypothèques, et de veiller à ce qu'il en soit régulièrement justifié.

C'est au receveur qu'est imposé le soin d'assurer la réalisation des cautionnements. Une copie du procès-verbal d'adjudication et du cahier des charges sera remise à ce comptable à l'effet d'assurer en ce qui le concerne l'exécution des engagements de l'adjudicataire.

Quant à la quotité même des cautionnements, il est d'usage d'en fixer le taux au vingtième du prix d'adjudication.

1839

14 JUIN. — *Arrêté déterminant les attributions des inspecteurs généraux des établissements de bienfaisance.*

Les inspecteurs généraux sont chargés : de vérifier les comptabilités espèces et matières des hôpitaux et hospices, de porter leurs investigations sur toutes les parties de l'administration de ces mêmes établissements ; d'examiner toutes les parties du service des enfants.

Ils réclament l'exécution des lois, des règlements et des instructions ministérielles. Ils ne peuvent donner aucun ordre, si ce n'est en ce qui concerne la comptabilité.

Ils vérifient la caisse et les écritures du receveur. Ils se font représenter les espèces en caisse et les valeurs de portefeuille, ainsi que les budgets, les registres, et autres pièces.

Les inspecteurs vérifieront si les cautionnements des comptables sont établis conformément au taux fixé par les lois et instructions. Ils se font représenter les règlements d'administration intérieure, examinent si ces règlements sont approuvés par l'autorité compétente, et signalent les articles de ces règlements qui leur paraîtraient devoir donner lieu à des modifications.

Les traités passés entre l'administration et les sœurs hospitalières sont aussi l'objet de l'examen des inspecteurs.

Le bien-être des malades et des indigents admis dans les établissements hospitaliers doit être, pour les inspecteurs, l'objet des recherches et des investigations les plus étendues.

1843

18 JANVIER. — *Décision ministérielle concernant les enfants trouvés.*

Les enfants admis dans un hospice dépositaire doivent, lorsqu'à douze ans ils ne peuvent être placés en apprentissage, rester à la charge exclusive dudit hospice dépositaire.

28 JANVIER.— *Circulaire ministérielle sur divers points de la comptabilité.*

La clôture de l'exercice est fixée au 31 mars de la seconde année pour toutes les communes et établissements publics.

Les receveurs adresseront directement leurs comptes de gestion à la Cour des comptes.

Les budgets et les comptes des hospices seront soumis à l'avis des conseils municipaux.

Les sommes reconnues irrecouvrables sont admises en non-valeur dans la comptabilité. L'admission en non-valeur sera prononcée par une décision spéciale de l'autorité qui aura réglé le budget.

Une délibération de la commission administrative proposera l'admission en non-valeur à l'autorité préfectorale.

21 FÉVRIER. —*Arrêt de la Cour des comptes sur les comptabilités occultes.*

Les administrateurs se rendent comptables de deniers publics et justiciables du conseil de préfecture et de la Cour des comptes, lorsqu'ils s'immiscent dans le maniement des fonds des établissements qu'ils administrent.

Leurs biens peuvent être mis en séquestre jusqu'à la reddition des comptes de cette gestion occulte ; ils sont soumis aux mêmes mesures de rigueur que les comptables réguliers.

7 AVRIL. — *Avis du Conseil d'État qui décide qu'un notaire, membre d'une commission administrative d'hospice, peut recevoir l'acte de vente d'un immeuble appartenant à cet établissement.*

12 JUILLET. — *Circulaire relative à l'assimilation des orphelins pauvres aux enfants trouvés et abandonnés.*

Les orphelins pauvres doivent être assimilés aux enfants trouvés et abandonnés, et soignés comme eux au moyen des ressources départementales.

1er DÉCEMBRE. — *Décision ministérielle relative aux recettes et aux dépenses en nature.*

Les budgets supplémentaires ne doivent pas contenir d'articles se rapportant à des recettes ou à des dépenses en nature. Ces recettes et ces dépenses ne sont portées dans les budgets primitifs que pour ordre et seulement pour faire connaître l'ensemble des ressources dont un établissement peut disposer.

1844

31 JANVIER. —*Décision ministérielle qui autorise l'introduction d'office, et qui oblige les hospices et hôpitaux à recevoir gratuitement et à traiter les indigents atteints de maladies psoriques et les femmes enceintes.*

1845

23 AVRIL. — *Avis du Conseil d'État qui décide que les commissions administratives des hospices ont le droit de retirer aux communautés hospitalières qui soignent les malades le service qui leur est confié, soit pour le confier à d'autres communautés religieuses, soit pour le remettre à des personnes laïques, de même que ces communautés sont libres de refuser leur concours.*

1846

12 MAI. — *Avis du Conseil d'État qui décide que les commissions administratives des établissements de bienfaisance n'administrent les biens desdits établissements que sous la surveillance du préfet et du ministre de l'intérieur.*

9 NOVEMBRE. — *Circulaire relative aux tentatives de prosélytisme dans les hospices et hôpitaux.*

Ces tentatives n'ont pas seulement pour effet de troubler la paix et le bon ordre qui doivent régner dans les établissements publics, d'affecter le moral des malades et de nuire à leur guérison : elles portent atteinte aux principes consacrés par les lois fondamentales de l'État, qui garantissent la liberté de conscience et couvrent tous les cultes d'une égale protection.

Si dans une société libre on ne doit pas interdire le prosélytisme lorsqu'il est loyalement exercé, c'est agir contrairement aux lois et c'est blesser la morale et la charité que de profiter, dans un établissement public, ouvert à l'humanité souffrante, de la dépendance où se trouve un malade, pour chercher à le détourner de sa foi, en usurpant auprès de lui une direction spirituelle qui n'appartient qu'aux ministres de sa religion.

Les commissions administratives doivent donc surveiller activement et réprimer le zèle inconsidéré de ceux qui, substituant une mission religieuse à une mission charitable, tenteraient, par des influences quelconques, d'amener des conversions qui n'auraient pas un caractère libre et spontané.

Les établissements hospitaliers sont des asiles ouverts à l'indigence, sans acception de culte ; sur leur seuil doivent s'effacer toutes les dissidences religieuses, et la charité ne doit se préoccuper que du besoin qu'éprouvent les malheureux de l'assistance et des secours publics.

Un malade a toujours le droit d'appeler un ministre de sa religion, et ce vœu doit être immédiatement transmis au ministre désigné.

Il peut arriver qu'un malade désire communiquer avec un ministre d'un autre culte que le sien. Dans ce cas il doit en être référé à l'administrateur de service, afin qu'il s'assure préalablement, auprès du malade lui-même, que celui-ci agit en pleine liberté et ne cède à aucune suggestion.

Il est formellement interdit de contraindre les personnes admises dans les hospices à suivre les pratiques ou à entendre l'enseignement d'une croyance religieuse à laquelle elles seraient ou voudraient rester étrangères.

Les ministres des divers cultes n'ont qu'une juridiction purement spirituelle, ils n'ont aucun droit de contrôle, ni de surveillance, sur l'administration, le régime intérieur, en un mot sur le temporel des établissements hospitaliers.

1847

23 FÉVRIER. — *Avis du Conseil d'État qui décide que les travaux d'appropriation des bâtiments des hospices constituent des travaux publics, que dès lors les contestations entre l'administration hospitalière et les entrepreneurs doivent être soumises au Conseil d'État.*

5 JUILLET. — *Arrêt de la cour de cassation qui déclare qu'un établissement public, tel qu'un hospice, déjà autorisé à défendre en première instance à la demande formée contre lui, n'a pas besoin d'une autorisation nouvelle pour défendre à l'appel du jugement rendu en sa faveur, ni pour interjeter appel incident.*

1849

21 MAI. — *Arrêt de la cour d'appel de Strasbourg qui décide que, lorsque les revenus d'un enfant placé sous la tutelle d'un hospice excèdent ses dépenses, l'excédent doit être restitué à cet enfant parvenu à sa majorité. Ledit excédent porte intérêt de plein droit, s'il n'a pas été employé.*

20 DÉCEMBRE. — *Circulaire relative aux dépôts d'argent et d'objets précieux faits par les malades entre les mains des receveurs des hospices.*

Les dépôts d'argent et d'objets précieux que les personnes admises dans les hospices et hôpitaux font aux receveurs de ces établissements donnent lieu à certains actes et opérations de comptabilité dans l'intérêt des déposants. Les receveurs doivent prendre charge et donner quittance des sommes et objets qui leur sont ainsi remis à titre de dépôt. D'un autre côté, les restitutions de ces sommes et de ces objets doivent être justifiés dans leur comptabilité par les quittances des déposants.

Ces quittances sont affranchies des droits de timbre.

1850

14 NOVEMBRE. — *Arrêt de la cour de cassation qui décide que les membres des commissions administratives des hospices ne sont pas des agents du gouvernement; qu'ils peuvent être poursuivis sans autorisation du Conseil d'État, à raison des délits par eux commis dans l'exercice de leurs fonctions.*

5 DÉCEMBRE. — *Avis du Conseil d'État qui déclare que la personne qui veut faire une donation à un établissement de bienfaisance doit préalablement faire passer acte public de la donation projetée, pour être ensuite statué ce qu'il appartiendra.*

1851

27 JANVIER. — *Arrêt de la cour d'appel de Paris qui déclare que les intérêts d'un legs fait à un hospice ne courent que du jour où la demande en délivrance formée par l'administration de cet hospice, en vertu de l'autorisation d'accepter, est donnée par le gouvernement. — Une demande en délivrance à la suite d'acceptation, faite par l'hospice à titre conservatoire, ne suffit pas pour faire courir ces intérêts, l'impuissance où se trouve l'hospice de recevoir, avant l'autorisation du gouvernement, ne permettant pas de considérer comme débiteur l'héritier qui ne peut se libérer.*

1852

24 MARS. — *Arrêt de la cour de cassation qui décide que la demande en délivrance d'un legs fait à un hospice ne fait pas courir les intérêts ou les fruits de la chose léguée, lorsqu'elle est formée avant l'autorisation donnée par l'autorité administrative.*

5 MAI. — *Instruction ministérielle au sujet du décret du 25 mars 1852 sur la décentralisation administrative* (1).

Les pièces qui devront être adressées à la préfecture pour demande d'autorisation d'acceptation de dons et legs sont :

1° Pour donations entre-vifs :

(1) Voir ce décret : Partie principale.

L'acte de donation ;

Le budget et un état de la situation financière de l'établissement ;

L'estimation des objets donnés ;

Le certificat de vie du donateur ;

Des renseignements aussi exacts que possible sur sa position de fortune ;

La délibération de la commission administrative sur l'acception provisoire de la libéralité.

2° Pour legs de biens, meubles ou immeubles :

Une expédition du testament ;

L'acte de décès du testateur ;

Une délibération de la commission administrative sur l'acceptation de l'objet légué ;

Un rapport d'expert ;

Le budget et un état de la situation financière de l'établissement ;

L'adhésion des héritiers ou leur opposition à la délivrance du legs, ou du moins la preuve de leur mise en demeure ;

Un état des biens laissés par le testateur, et des renseignements sur la position de fortune des héritiers ;

Si l'objet légué est un immeuble, un certificat du bureau des hypothèques constatant qu'il est libre ou grevé.

31 DÉCEMBRE. — *Décision ministérielle qui déclare incompatibilité entre les fonctions d'économe d'un hospice et l'exercice d'un commerce public.*

1853

15 JUILLET. — *Décision ministérielle qui déclare qu'une administration hospitalière n'est pas tenue de se conformer à l'article 3 de l'ordonnance du 14 janvier 1831, cette ordonnance n'étant applicable qu'aux legs faits aux établissements religieux.*

6 SEPTEMBRE. — *Circulaire portant instruction sur le mode de communication aux préfets des actes notariés intéressant les établissements publics, lorsque l'exécution de ces actes est subordonnée à l'approbation de ces fonctionnaires.*

Les actes notariés relatifs à des acquisitions, ventes, échanges, etc., intéressant les établissements publics, devront être adressés en copie au préfet du département, à titre de document destiné à l'administration. L'approbation pourra être donnée par un arrêté séparé, qui sera annexé à la minute. Cette expédition sera dispensée du timbre. La minute devra rester en l'étude du notaire.

1854

10 juin. — *Circulaire portant instructions pour le classement et l'inventaire des archives hospitalières* (1).

A. Actes de fondation de l'établissement. — Diplômes et privilèges émanés des papes, rois, évêques, seigneurs. — Cartulaires. — Ordonnances, décisions et autres actes relatifs à l'établissement, émanés des diverses autorités.

B. Titres de propriété: donations, échanges, acquisitions. — Terres, maisons, cens, rentes. — Registre concernant les biens, les revenus, les droits utiles de l'établissement, baux. — Pièces de procédures, mémoires, etc.

C. Matières ecclésiastiques en général. — Chapelle, aumônerie, cimetière, nécrologes, obituaires, etc.

D. Inventaires généraux et partiels. — Instructions, lettres, récépissés et autres pièces relatives au dépôt même ou au service du dépôt des archives.— Catalogue de la bibliothèque.

E. Administration de l'établissement. — Délibérations, nominations, règlements. — Budgets et comptes, états des recettes et dépenses. — Economat, fournitures, entretien des bâtiments. — Inventaires de mobiliers, livres de caisse, etc.

F. Registres d'entrée et de sortie des personnes admises dans l'établissement. — Religieux et religieuses. — Service intérieur. — Domestiques. — Service médical. — Infirmiers. — Demande d'emploi et d'admission.

G. Papiers et registres des institutions succursales de l'établissement. — Ancien bureau des pauvres; mendicité; tutelle des enfants trouvés et orphelins; écoles, salles d'asile; sages-femmes, vaccine, etc.

H. Papiers et correspondances diverses ne rentrant pas dans les séries précédentes.

Ce cadre indique quelles sont les différentes divisions ou séries à établir. L'objet principal du travail du classement sera de répartir tous les documents en huit séries, suivant les indications du cadre; de réunir ensuite en dossiers les pièces relatives à une même affaire, et de grouper les dossiers de même nature en articles, c'est-à-dire d'en former des liasses, si l'on ne peut les renfermer dans des cartons ou dans des portefeuilles.

Les registres forment articles par eux-mêmes. Ils doivent, autant que possible, être placés ensemble dans chaque série.

Néanmoins, dans les archives déjà mises en ordre, l'unité et la disposition des articles et des dossiers déjà existants doit, autant que possible, être maintenues; et lorsque les pièces sont déjà classées avec un répertoire qui rend les recherches faciles, il faut scrupuleusement respecter ce classement, lors même qu'il serait en opposition avec celui que recommande la présente circulaire.

La même observation s'applique au cas suivant, qui doit faire l'objet d'une réserve importante.

Un grand nombre d'établissements de bienfaisance sont les successeurs d'établissements plus anciens, soit d'hôpitaux, soit même de monastères, dont ils possèdent aujourd'hui les papiers. Leurs archives renferment ainsi des fonds différents, c'est-à-dire des titres provenants de sources différentes, et qui sont presque toujours restés à des places distinctes dans les établissements où

(1) Voir *infra*, circulaire du 24 mai 1867.

ils existaient. La personne chargée du classement ne doit pas comprendre le cadre en ce sens qu'il faille démembrer ces anciens fonds pour mettre ensemble tous les titres de propriétés, toutes les pièces de comptabilité, qu'elle qu'en soit la source. Elle appliquera à chaque fonds désigné à l'inventaire par un numéro d'ordre en chiffres romains, surmonté du titre même de l'établissement dont ce fonds provient, la classification indiquée par le cadre, s'il n'en existe pas antérieurement une autre utile à conserver.

Quant au classement des dossiers entre eux et des pièces entre elles, il différera selon leur nature.

Ainsi, les titres de propriété devront être rangés selon l'ordre alphabétique des noms des localités où sont situés les biens ; ou, s'il s'agit de rentes purement pécuniaires, de donations, de legs en argent, les titres seront classés suivant l'ordre alphabétique des noms des débiteurs, donateurs et testateurs. Pour tous les autres titres, on adoptera, soit l'ordre chronologique, soit l'ordre alphabétique des noms de lieux ou de personnes, mais en respectant toujours l'unité du dossier pour une même affaire.

S'il arrive qu'une ou plusieurs séries manquent dans un dépôt, on conservera néanmoins aux autres séries les lettres distinctives indiquées par le cadre. Les lettres de séries absentes figureront pour mémoire.

Une fois le classement terminé, que dans chaque série on ait adopté l'ordre alphabétique, l'ordre chronologique ou tout autre, on devra numéroter sans exception chaque article (carton, liasse, portefeuille ou registre) au moyen d'un chiffre arabe mis après la lettre de série.

Cette lettre de série et ce numéro d'ordre seront uniformément placés au dos de chaque article, très visiblement, conformément à ce modèle : A. 1, A. 2, etc.

Les numéros d'ordre se suivront sans interruption dans chaque série, de 1 à 100, si la série comprend cent articles.

Les sous-numéros *bis* et *ter*, etc., ne doivent être employés qu'en cas de nécessité très absolue, d'intercalation ultérieure, par exemple. Ils doivent être disposés ainsi : A. 1^2, A. 1^3.

Les pièces devront être toutes numérotées et estampillées. Cette prescription s'applique immédiatement aux documents importants.

Les registres doivent être paginés. Lorsque l'on sortira une pièce d'un article, on aura soin de l'estampiller si elle ne l'est pas, et d'ajouter à la cote spéciale de la pièce la cote même du carton, portefeuille ou liasse d'où elle aura été extraite. On remplacera la pièce dans son dossier par une fiche indiquant la nature de ladite pièce, la date de sa sortie et le nom de la personne à laquelle elle aura été remise.

Les dispositions préliminaires de classement et de numérotage établies, on commencera l'inventaire, qui se divisera en deux parties.

La première comprendra toutes les archives antérieures à 1790 ; la seconde, les papiers modernes.

On terminera dans chaque série l'inventaire des pièces antérieures à 1790 avant de s'occuper de la seconde partie.

Combiné d'après une assimilation logique au plan récemment adopté pour les archives départementales, cet inventaire, qui rentre par là dans l'unité du cadre général uniforme, doit indiquer :

1° La lettre de série et le numéro d'ordre des articles, avec leur désignation (carton, liasse ou registre);

2° La place qu'ils occupent dans le local ou dans l'armoire où ils sont déposés;

3° La nature des pièces contenues dans chaque article, avec la mention des personnes ou des lieux auxquels les dossiers se rapportent;

4° Les dates extrêmes des actes contenus dans chaque article, quand il sera possible de les préciser; dans le cas contraire, et si l'article embrasse plusieurs siècles, on pourra se borner à les mentionner;

5° Le nombre ainsi que l'état matériel des pièces ou des feuillets et des sceaux;

6° La constatation des inventaires détaillés déjà existants et la cote sous laquelle ils sont inscrits.

Cet inventaire sera rédigé sur du papier exactement pareil au modèle prescrit par le premier spécimen ci-joint et pour le format et pour la disposition des divisions ou colonnes. Chaque série formera une feuille ou un cahier à part.

En mentionnant, ainsi qu'il a été recommandé ci-dessus, les noms des localités, des personnes et des matières que concernent principalement les dossiers on aura préparé les matériaux d'une table comprenant, conformément au deuxième spécimen ci-joint, trois divisions :

1° Table des noms de lieux;

2° Table des noms de personnes;

3° Table des matières.

Cette table devra être tenue à jour sur bulletins, au fur et à mesure de l'exécution de l'inventaire.

Un double très exact de la partie antérieure à 1790, de cet inventaire, devra être envoyé aux archives de la préfecture à l'achèvement de chaque série, et un double des tables mises au net à l'achèvement de l'inventaire.

La méthode de classement exposée plus haut n'est rigoureusement applicable qu'aux établissements dont les archives ne sont encore ni classées ni inventoriées.

Quant à ceux où ce double travail a été effectué MM. les administrateurs de ces établissements sont invités à envoyer un double de leur inventaire à la préfecture.

En ce qui concerne les établissements où tout est encore à faire sous le rapport de la mise en ordre des archives, il est nécessaire de commencer immédiatement cette opération, en se conformant à la méthode ci-dessus indiquée.

24 OCTOBRE. — *Décision ministérielle qui déclare qu'en matière d'aliénation de rentes sur l'État le préfet doit statuer comme pour les aliénations d'immeubles.*

25 NOVEMBRE. — *Décision ministérielle qui déclare que lorsqu'une adjudication de fournitures a été faite régulièrement le préfet ne peut refuser de l'homologuer par ce motif qu'un soumissionnaire aurait fait postérieurement une offre plus avantageuse.*

1855

7 JANVIER. — *Décision ministérielle qui déclare que les hospices et les bureaux de bienfaisance doivent participer au produit du droit des pauvres sur les spectacles, bals, concerts, etc., etc.*

18 MAI. — *Décision ministérielle qui déclare que les fonctions de receveur d'hospice sont incompatibles avec celles de secrétaire de la commission administrative.*

16 JUILLET. — *Instruction sur divers points du service.*

Les comptes administratifs devront être envoyés à la cour des comptes et aux conseils de préfecture.

Les admissions en non valeurs des sommes reconnues irrecouvrables sont admises et décidées par l'autorité administrative.

9 OCTOBRE. — *Règlement relatif aux correspondances, chargements de lettres et valeurs à destination des individus recueillis dans les hôpitaux et hospices.*

Il sera fait choix, dans chaque hôpital ou hospice, d'un agent spécial qui servira d'intermédiaire entre les individus recueillis dans ces établissements et les agents des postes.

Cet agent prendra, ou joindra au titre des fonctions qu'il exercera déjà, le titre de *vaguemestre*.

L'établissement sera civilement responsable de ses actes.

Il sera pourvu d'un acte de nomination dont un double restera déposé entre les mains du directeur des postes de la localité.

Les vaguemestres seront chargés, à l'exclusion de toutes autres personnes, de recevoir des mains des facteurs de la poste, ou de retirer au guichet, les lettres ou paquets chargés ou non chargés, les valeurs cotées et les articles d'argent à destination des individus recueillis dans les établissements par lesquels ils auront été commissionnés, comme aussi de déposer dans les boîtes ou au guichet les objets de même nature que ces individus auront à expédier.

Les vaguemestres ne pourront exiger de rétribution des individus auxquels ils serviront d'intermédiaires près de la poste.

Ils ne conserveront entre leurs mains les objets qui leur seront confiés que le temps strictement nécessaire pour l'accomplissement de leurs opérations.

Ils seront pourvus d'un registre divisé en deux parties.

La première sera destinée à recevoir l'inscription des lettres et objets qui leur seront remis par la poste; la seconde sera consacrée à l'inscription des objets de même nature qu'ils auront à y déposer. Ce registre sera coté et paraphé par l'un des administrateurs des établissements et par le directeur des postes.

Le paiement de chaque article d'argent et la remise par la poste de chaque objet chargé seront justifiés par la signature des vaguemestres sur les registres spéciaux de l'administration des postes.

La qualité de vaguemestre sera exprimée dans l'acquit concernant les mandats et dans l'émargement donné pour les chargements; la date du jour du paiement ou de la livraison sera énoncée.

De leur côté les vaguemestres se feront donner décharge par les destinataires des articles d'argent, etc., qu'ils auront reçus. Décharge leur sera donnée également par le directeur des postes de ceux des objets dont ils auront eu mission d'effectuer le dépôt.

Lorsque le destinataire d'un objet remis par la poste au vaguemestre ne saura pas signer ou sera empêché, deux personnes choisies parmi les habitants libres de l'établissement, certifieront par leur signature la remise des objets. Le destinataire, lorsqu'il le pourra, tracera une croix comme preuve de son assentiment et de son intervention personnelle.

Il est défendu aux agents des postes de remettre et aux vaguemestres de recevoir des articles d'argent, etc., au nom de destinataires qui ne sont pas recueillis dans l'établissement que ces vaguemestres représentent.

Lorsqu'un article d'argent ou un chargement de lettres délivrés au vaguemestre n'aura pu être remis au destinataire par suite de décès ou pour toute autre cause, ces objets devront être rapportés au directeur des postes par le vaguemestre sur le registre duquel le directeur donnera reçu.

Les vaguemestres pourront, en cas de maladie ou autres empêchements, se faire suppléer par d'autres agents des établissements auxquels ils appartiennent. Ils demeureront civilement responsables des actes des agents qu'ils auront délégués à cet effet. Ces agents seront munis d'un pouvoir sanctionné et légalisé par le chef de l'établissement. Ce pouvoir devra être représenté à toute réquisition; un double sera déposé entre les mains du directeur des postes.

1856

30 AVRIL. — *Circulaire relative à l'exercice de la tutelle des enfants assistés de douze à vingt et un ans.*

Arrivés à l'âge du travail les enfants assistés n'échappent que trop fréquemment à la surveillance de l'administration. Souvent même les commissions hospitalières ignorent jusqu'au nombre de leurs pupilles. Cela provient surtout de ce que les hospices ne tiennent pas de registres matricules des enfants commis à leurs soins ou qu'ils les tiennent mal. Les registres devront à l'avenir être tenus de telle sorte qu'on puisse, en les consultant, se rendre compte des diverses phases de la vie de chaque enfant jusqu'à sa majorité.

20 JUIN. — *Décision ministérielle établissant que les marchés de gré à gré passés par les établissements charitables doivent être écrits et non verbaux.*

1857

2 AOÛT. — *Décision ministérielle: Le médecin d'un hospice ne peut être membre de la commission administrative, et à plus forte raison président de ladite commission; il y a entre ces deux fonctions incompatibilité absolue.*

9 DÉCEMBRE. — *Décision ministérielle qui déclare que les registres, les archives et toutes les pièces administratives confiés à la garde du secrétaire doivent rester déposés dans l'hospice et ne pas en sortir.*

9 DÉCEMBRE. — *Décision ministérielle qui déclare que les économes doivent évaluer les restants en magasin au prix d'achat.*

1858

1er DÉCEMBRE. — *Décision ministérielle qui déclare qu'un hospice ne peut et ne doit subvenir en quoi que ce soit à des dépenses municipales, si légère que puisse être la charge qui en résulte.*

1859

10 FÉVRIER. — *Arrêt du conseil d'État qui déclare qu'on ne peut considérer comme productive de revenu, et imposer à la contribution foncière, la portion des bâtiments d'un hospice dans laquelle sont admis, moyennant rétribution, des vieillards infirmes en qualité de pensionnaires.*

7 AVRIL. — *Arrêt du conseil d'État qui déclare qu'aucune disposition législative n'oblige les hospices, qui ne sont pas désignés pour recevoir les enfants assistés, à concourir à l'acquittement des dépenses intérieures concernant la vêture, la nourriture et l'éducation des enfants; ces dépenses sont à la charge exclusive des hospices dépositaires.*

20 JUIN. — *Instruction générale ministérielle sur la comptabilité.*

Lorsque les besoins du service exigent qu'une partie des fonds placés soit remboursée par le Trésor le receveur en présente la demande à l'ordonnateur, qui peut autoriser, pour chaque mois, le remboursement de toute somme égale à un douzième des revenus ordinaires, suivant le budget de l'année, et jusqu'à concurrence de trois cents francs, lorsque le douzième ne s'élève pas à cette dernière somme. Les sous-préfets peuvent autoriser le remboursement, par mois, d'une somme égale au montant de deux douzièmes des revenus ordinaires, et jusqu'à concurrence de mille francs, lorsque les deux douzièmes ne s'élèvent pas à cette dernière somme. Les préfets autorisent les remboursements des sommes supérieures, quelle qu'en soit la quotité, en observant seulement de n'autoriser le retrait que des sommes qui doivent être immédiatement appliquées à des dépenses régulières.

Les receveurs des établissements doivent recevoir une expédition en forme de tous les baux, contrats, jugements, déclarations, titres nouvels, et autres actes concernant les revenus dont la perception leur est confiée ; ils sont autorisés à demander, au besoin, que les originaux de ces divers actes leur soient remis sur récépissé.

Les maisons et biens ruraux possédés par les établissements hospitaliers sont, à moins d'autorisation contraire, affermés par voie d'adjudication. Les administrateurs peuvent stipuler que le prix de l'adjudication est payable en grains ou denrées, et se réserver la faculté de recevoir le paiement en argent, d'après le taux des mercuriales des marchés.

Les bois appartenant aux établissements publics sont soumis au régime forestier.

Les percepteurs des communes où habitent les débiteurs des hospices peuvent être chargés du recouvrement des créances; ils n'ont besoin d'aucune procuration des receveurs d'hospices pour opérer ce recouvrement.

Dans le cas où les revenus d'un hospice ou hôpital le permettraient les commissions administratives sont autorisées à admettre dans les lits vacants les malades ou incurables des communes, sans exiger de ces communes le prix de la journée.

Les administrations hospitalières peuvent admettre dans les établissements des *pensionnaires payants*. Le prix de la pension fait, dans ce cas, l'objet d'un traité passé entre l'administration et le pensionnaire, et approuvé par le préfet. C'est également sous forme de traité, et non sous forme de donation, qu'il convient de constater la cession à l'hospice d'un capital moyennant l'admission du cédant à titre de pensionnaire.

Les objets fabriqués ou confectionnés dans les hospices sont vendus, et le produit en est versé dans la caisse de l'établissement. Ce produit appartient, pour un tiers, aux indigents. Le tiers revenant aux enfants est placé, pour leur compte, à la caisse d'épargne; le livret leur est remis lorsqu'ils ont accompli leur vingt et unième année.

Les produits des dons, aumônes et collectes que les hospices sont autorisés à recevoir doivent être versés intégralement dans la caisse de l'établissement auxquels ces produits appartiennent.

Les revenus en nature (produits des jardins et des basses-cours), pour être compris dans les budgets des hospices dont ils forment un chapitre distinct, sont évalués en argent d'après le prix moyen des mercuriales au marché le plus voisin.

Les receveurs sont responsables de la rentrée des revenus en nature provenant des biens ruraux, comme du recouvrement des revenus en argent.

Les comptes des économes sont présentés aux mêmes époques que ceux des réceveurs et sont apurés par les commissions administratives, sauf l'approbation du préfet.

Les crédits en vertu desquels les dépenses doivent êtres acquittées sont ouverts dans les budgets. Chaque crédit doit servir à la dépense pour laquelle il est ouvert; les administrateurs ne peuvent en changer la destination sans une décision du préfet.

Aucune dépense ne peut être acquittée par les receveurs si elle n'a été préalablement ordonnancée sur un crédit régulièrement ouvert. Les mandats doivent être délivrés au profit et au nom des créanciers directs de l'établissement.

Lorsque des débiteurs demandent à se libérer par anticipation, avant l'ouverture de l'exercice auquel les produits appartiennent, ces paiements sont considérés comme des opérations hors budget; le montant en est transporté, à l'époque de l'ouverture de l'exercice, au compte de l'établissement qu'il concerne.

Les personnes admises dans les hôpitaux et hospices peuvent avoir à déposer, soit de l'argent, soit des objets précieux, à leur entrée dans les établissements. Les receveurs hospitaliers ont seuls qualité pour recevoir ces dépôts.

Le produit des coupes extraordinaires de bois doit être placé en compte courant au Trésor public.

Les receveurs des établissements de bienfaisance sont nommés par le préfet, sur la proposition des commissions administratives, et sont révocables par le ministre de l'intérieur sur la proposition du préfet.

Les receveurs hospitaliers qui veulent fournir leur cautionnement en immeubles doivent présenter à la commission administrative, avec la désignation des immeubles qu'ils offrent en garantie, les pièces constatant que ces immeubles sont libres de tous privilèges et hypothèques et d'une valeur qui excède d'un tiers au moins la fixation en deniers du cautionnement. Lorsque les immeubles ont été acceptés pour garantie de sa gestion l'inscription hypothécaire est prise, au nom de l'établissement, à la diligence du receveur lui-même, qui doit en justifier avant son entrée en fonctions. Les délibérations relatives à l'acceptation de ces cautionnements sont soumises à l'approbation du préfet du département.

Les receveurs sont tenus de rendre, chaque année, un compte de gestion pour leurs opérations de l'année précédente.

Les écritures des receveurs nécessitent l'emploi des livres ci-après :

1° *Un journal à souche* pour l'enregistrement des recettes et la délivrance des quittances;

2° *Un registre de quittances timbrées* pour les quittances qui exigent la formalité du timbre;

3° *Des livres de détails* dans lesquels les recettes et les dépenses sont classées par nature;

4° *Un livre des comptes divers par service ;*

5° *Un livre récapitulatif.*

Lorsque, par suite de l'insolvabilité des débiteurs, des créances ne pourront être recouvrées la commission administrative pourra, dans une délibération spéciale, et sur la demande du receveur, proposer l'admission en non-valeur des restes à recouvrer dont la rentrée ne peut être opérée, et lorsque la délibération aura été approuvée par le préfet le receveur déduira, dans son prochain compte, les sommes irrecouvrables.

25 NOVEMBRE. — *Décision ministérielle qui déclare que les religieuses ne peuvent se charger, par abonnement, de la fourniture des médicaments nécessaires au service de l'hospice qu'elles desservent.*

1860

18 AVRIL. — *Arrêt du conseil d'État qui décide que les établissements de bienfaisance exploitant une industrie et percevant du public des rétributions analogues à celles qui sont perçues par les établissements privés, exerçant la même industrie, sont tenus à payer la contribution des patentes.*

8 AOUT. — *Décision ministérielle qui déclare que le traitement des filles publiques est une dépense communale et non une dépense à la charge des hospices.*

24 DÉCEMBRE. — *Décision ministérielle qui déclare qu'une commission administrative ne saurait se prévaloir, pour ne pas passer avec les sœurs qui desservent un hospice le traité exigé par les règlements, de ce que les religieuses appartiennent à un ordre qui n'a pas de maison-mère.*

1861

11 JANVIER. — *Décision ministérielle relative aux baux de dix-huit ans.*

L'article 8 de la loi du 7 août 1851 n'a concédé aux commissions administratives des hospices que le droit de régler les conditions des baux inférieurs à dix-huit ans. Elle ne leur a pas donné la faculté d'en régler le mode et n'a pas abrogé le décret du 12 août 1807.

9 OCTOBRE. — *Décision ministérielle relative aux dons manuels.*

Les établissements de bienfaisance ne peuvent accepter des dons manuels faits sous conditions. Tout don manuel qui n'est pas pur et simple doit être converti en une donation publique.

1862

13 JUIN. — *Décision ministérielle portant qu'il n'y a pas lieu de déclarer, dans un règlement de service intérieur, que les enfants ne seront admis à l'hôpital, à titre de malades, qu'au-dessus d'un certain âge. Dès que l'enfant n'est plus allaité par sa mère l'hôpital doit, s'il est malade, lui être ouvert.*

19 JUILLET. — *Arrêt de la Cour impériale de Paris qui décide que le libéré en surveillance n'a pas son domicile de secours dans le lieu de la surveillance, mais qu'il conserve son ancien domicile de secours.*

23 OCTOBRE. — *Décision ministérielle déclarant que les autorisations demandées par les hospices pour traiter de gré à gré, selon les exceptions prévues par l'ordonnance du 14 novembre 1837, doivent être soumises à l'avis du Conseil municipal, par application de l'article 10 de la loi du 7 août 1851.*

31 OCTOBRE. — *Décision ministérielle déclarant que les transactions sur les dons et legs ne peuvent être autorisées que par les gouvernements, parce qu'elles ont toujours été précédées par une réclamation quelconque des héritiers, et que cette réclamation suffit pour dessaisir le préfet.*

1er DÉCEMBRE. — *Circulaire portant envoi de modèles de registres pour les hôpitaux et hospices.*

Les registres et imprimés nécessaires au service des hôpitaux et hospices sont :

Registre des délibérations de la commission administrative. — Registre matricule des legs et donations. — Registre matricule du personnel. — Registre matricule des malades civils. — Registre matricule des vieillards, des incurables, des orphelins et des enfants de familles indigentes. — Billets d'entrée. — Billets de salle et de sortie. — État du mouvement quotidien de la population (hôpital). — État du mouvement quotidien de la population (hospice). — État du mouvement mensuel de la population (hôpital). — État du mouvement mensuel de la population (hospice). — Cahiers de visite des médecins. — Registre des naissances. — Registre des décès.

1863

25 MARS. — *Arrêt de la Cour de cassation déclarant valable une clause portant révocation absolue d'un legs au cas où le gouvernement ne donnerait pas l'autorisation d'accepter intégralement.*

24 OCTOBRE. — *Décision du Conseil de préfecture de la Seine déclarant assujettis, au droit proportionnel de patente, les locaux occupés par un médecin pour y faire des cours de clinique et y donner des consultations, même lorsque ces consultations et ces cours sont gratuits.*

1864

27 JUIN. — *Circulaire relative aux cautionnements des receveurs des établissements de bienfaisance.*

La loi de finances du 8 juin 1864 (1) renferme les dispositions suivantes :

« A l'avenir, les cautionnements des receveurs des communes, hospices, etc., » seront fixés d'après les proportions et conformément aux règles déterminées » par les lois du 8 août 1847 et 8 mars 1850 pour les cautionnements des » percepteurs des contributions directes, et en prenant pour base le montant » des recettes ordinaires du dernier exercice expiré. »

Le cautionnement s'élèvera, savoir :

10 francs pour 100 sur les premiers 100,000 francs ;

6 francs 50 centimes pour 100 sur les 400,000 francs suivants ;

5 francs pour 100 sur toute somme excédant les premiers 500,000 francs.

9 NOVEMBRE. — *Avis du conseil d'État qui décide que lorsqu'une donation ou un legs en argent est fait à un hospice pour y fonder un lit, il y a lieu de prescrire la capitalisation du dixième des arrérages de la rente acquise sur l'État, afin de prévenir la dépréciation qui pourrait, dans la suite, mettre l'administration hospitalière hors d'état d'accomplir la fondation.*

(1) Voir cette loi : Partie principale.

1865

7 AOUT. — *Décision ministérielle qui déclare que les Conseils municipaux sont omnipotents, sauf l'approbation des préfets, pour déterminer dans quelle proportion doivent être répartis, entre le bureau de bienfaisance et l'hospice, les produits des concessions dans les cimetières.*

1867

24 MAI. — *Circulaire portant instructions complémentaires pour la rédaction des inventaires sommaires des archives* (1).

1° Avant de mettre les inventaires sous presse, quand le travail n'avait guère dépassé la série A, qui comprend beaucoup d'imprimés et des documents communs à tous les fiefs du domaine royal, on avait engagé MM. les archivistes à donner en moyenne à l'analyse de chaque article environ quinze à vingt lignes. L'expérience n'a pas tardé à démontrer que bien des collections ne comportent pas quinze lignes de sommaire par article, tandis que, pour d'autres séries, où la plupart des pièces ont une valeur et un intérêt distincts, les articles seraient très mal définis, même sommairement, dans une analyse de vingt lignes. Un *cartulaire*, par exemple, peut donner lieu à trois pages d'analyse et plus. Il doit arriver aussi, dans le chartrier d'un même fonds, que certaines liasses, à raison de leur ancienneté ou de leur importance, soient jugées dignes d'être analysées pièce par pièce, tandis que pour des périodes plus récentes ou des spécialités moins historiques, le surplus de la collection se trouvera suffisamment mis en relief par des analyses très sommaires. Le plan du travail comporte ces irrégularités apparentes qui sont la régularité logique et motivée des proportions.

2° Cette explication fera comprendre que l'usage, adopté lors des classements, de restreindre le contenu des liasses à une centaine de pièces, afin d'éviter d'inventorier en bloc des amas démesurés n'est point une prescription de grouper invariablement, sous la même enveloppe, cent documents détachés, quels qu'ils soient. Supposons un fonds d'abbaye dont le chartrier serait réparti par prieurés, par métairies et autres dépendances; chaque domaine, ne comprendrait-il que vingt, que quinze, que dix chartes, devra former un article séparé. Si, au contraire, certains d'entre ces domaines fournissaient des actes par centaines, il les faudrait subdiviser en liasses proportionnées à l'importance de chaque groupe. Dans le fond d'une commanderie, par exemple, il se rencontre des documents remontant aux templiers : n'en possédât-on qu'un seul, il constituera sur l'inventaire un article, et s'il y en a plusieurs, ils

(1) Voir Circulaire du 10 juin 1854. (Partie supplémentaire.)

seront, vu leur exceptionnelle importance, analysés un à un dans leur sommaire.

3° Un autre point sur lequel j'appellerai votre attention est relatif aux indications chronologiques. Il arrive souvent qu'en dehors des dates extrêmes posées en tête de l'article la mention d'une date précise est essentielle pour donner à un document sa valeur, son caractère, sa signification. Une lettre de Philippe le Bel, une bulle de Clément V en faveur des chevaliers du Temple, prend pour l'historien une portée particulière, si elle précède de très près l'année où l'ordre fut proscrit.

La mention d'une commande d'artillerie est une indication qui, dans un lot compris sans plus de précision entre les millésimes de 1301 à 1720, passerait inaperçue ; mais si cette dépense figure dans les *comptes* d'une ville à la date de 1340 le document acquiert une physionomie toute autre, car il projette des lumières nouvelles sur les origines de l'artillerie. Omettre au sommaire un pareil millésime ce serait dissimuler un document au lieu de l'énoncer.

Les indications chronologiques peuvent aussi devenir nécessaires lorsqu'on analyse les recueils si importants des *délibérations* communales, ainsi que les *collections* paroissiales de l'ancien état civil, dignes d'être compulsées non seulement pour relever les actes concernant les personnes illustres, mais pour nombre d'éphémérides curieuses, déposées çà et là par les anciens desservants.

Dans les analyses de ces fonds, comme en bien d'autres circonstances, la constatation du quantième peut elle-même devenir indispensable : Rennes possède, à la date du 1er août 1589, une lettre signée de Henri III, mort la nuit suivante. Cette épître prouve qu'on s'est hâté, pour rassurer les provinces, d'envoyer des missives où le roi mourant faisait part lui-même de l'attentat commis sur sa personne. Une date si expressive doit figurer dans un sommaire.

La mention d'un phénomène astronomique ou météorologique ne saurait être isolée de leur date, qui en constitue quelquefois tout l'intérêt. Tel sommaire semblera oiseux s'il se borne à relater un fait de ce genre, qui deviendra curieux si on mentionne avec le fait l'époque de l'année où il s'est produit. Chaque fois donc qu'une date ou même qu'un rapprochement de plusieurs dates rehaussent la valeur d'une pièce ou éclairent la marche d'un évènement, il est à propos de le mentionner.

On appliquera par analogie, mais avec sobriété, ces divers principes à tout un ordre de faits, de circonstances propres à élucider ou à caractériser les indications des sommaires.

4° La suppression des institutions de l'ancien régime, au début de la révolution, a établi une division naturelle des archives publiques en deux sections: les documents antérieurs à 1790 et les papiers des périodes postérieures.

Il n'est pas inutile de rappeler à ce sujet que les institutions anciennes n'ayant pas été anéanties à jour fixe toutes à la fois, et que plusieurs ayant persisté un certain temps dans quelques provinces lointaines, le terme de 1790 signifie, pour les archives de chaque provenance: *la fin de l'ancien régime*.

Les inventaires doivent donc être conduits jusqu'à l'épuisement des titres émanés des institutions antérieures, c'est-à-dire jusqu'à l'installation des pouvoirs nouveaux créés par l'Assemblée constituante ; sans quoi, les séries resteraient incomplètes, et des papiers qui ne peuvent se classer dans le cadre du régime postérieur à 1790 risqueraient d'être passés sous silence.

En dehors de ces conditions, et pour des documents d'une nature moins définie, on considérera que l'année 1790 complète la dernière période décennale de l'ancien régime, de même que l'an 1800, qui baptise le dix-huitième siècle, est le centième de cette période séculaire, et non l'an 1er de la suivante. En conséqueuce, dans un classement chronologique par groupes de dix, de vingt années, un acte de l'an 1300 doit clore le treizième siècle, et non entamer le suivant.

5° Je vous prie aussi, Monsieur le préfet, de recommander à la sollicitude de MM. les maires et aux soins particuliers des employés des archives de votre département les documents de la période révolutionnaire, ainsi que les administrations dites *intermédiaires*. Sources précieuses de renseignements, ces titres doivent être intégralement classés, par articles analogues à ceux des archives antérieures, de manière à donner lieu plus tard, comme les autres papiers historiques, à des inventaires profitables aux recherches de l'économie, de la statistique et de l'histoire.

1868

15 JANVIER. — *Instruction de l'administration de l'enregistrement et des domaines.*

En principe, les communes et les établissements publics sont assimilés aux particuliers pour l'exécution des lois sur le timbre et l'enregistrement, et en dehors des marchés de travaux, les plans, cahiers des charges, procès-verbaux d'estimations, rapports et autres actes sous seing privé dressés dans leur intérêt par des ingénieurs, des architectes ou de simples particuliers doivent être écrits sur papier timbré et enregistrés avant d'être présentés à l'approbation.

29 AVRIL. — *Arrêt de la Cour de cassation qui décide que la délibération prise par la commission administrative d'un hospice pour accepter un don manuel est un simple acte administratif et d'ordre intérieur, lequel n'est point soumis à la perception d'un droit proportionnel d'enregistrement.*

1869

2 JUIN. — *Arrêt du conseil d'État déclarant que l'architecte qui a effectué des dépenses dépassant les devis régulièrement approuvés n'a pas droit à des honoraires sur les sommes excédant le prix porté aux devis qui ont servi de base à l'adjudication.*

1870

17 MARS. — *Circulaire de la direction générale de la comptabilité publique déclarant que les* COPIES *de procès-verbal d'adjudication, de marché, de cahier des charges, devis ou soumissions produits à l'appui des ordonnances et mandats de paiement ne sont pas assujetties au timbre.*

1871

21 AOUT. — *Arrêt de la Cour de cassation qui déclare que les hospices doivent être représentés en justice, tant en demandant qu'en défendant, non par leurs receveurs qu'aucune loi n'investit du droit de plaider en leur nom, mais par le maire, président de la commission administrative.*

1872

20 AVRIL. — *Circulaire relative au rapatriement des sujets russes indigents et malades.*

En vertu d'une décision ministérielle, émanée du ministre des affaires étrangères à Saint-Pétersbourg, l'ambassade et les consulats de Russie en France sont autorisés à secourir, et, s'il y a lieu, à rapatrier les nationaux russes qui auraient été recueillis par l'administration de l'Assistance publique en France.

Dès qu'un sujet russe aura été admis dans un de nos établissements hospitaliers les administrateurs de ces établissements devront, désormais, prévenir l'autorité supérieure, afin qu'elle puisse en aviser immédiatement le consulat russe le plus voisin. De cette manière, l'individu signalé pourra être rapatrié sans délai, et, s'il ne peut, à raison de son état de maladie, quitter l'établissement dans lequel il aura été placé le gouvernement russe pourvoira aux frais de son entretien.

23 SEPTEMBRE. — *Décision ministérielle portant qu'en matière de dons manuels, il suffit, pour assurer la réalisation de l'offre faite à un hospice, de l'approbation donnée par le préfet à la délibération de la commission administrative qui a accepté cette offre; qu'on évite ainsi la nécessité d'un acte spécial constatant l'acceptation de la libéralité et en même temps l'enregistrement au droit proportionnel.*

1873

25 juin. — *Instructions relatives à l'exécution de la loi du 21 mai 1873 sur les commissions administratives* (1).

Art. 3. Le maire, et à son défaut l'adjoint qui le remplace légalement, c'est-à-dire celui qui est investi de la plénitude des fonctions du maire absent ou empêché, préside la commission. L'usage, établi par certains maires, de déléguer à un adjoint cette partie spéciale de leurs attributions a été explicitement condamné par l'Assemblée. Il aurait, en effet, pour conséquence, de rendre illusoire la disposition qui accorde à la commission administrative le droit de nommer elle-même un vice-président, qui dirige les débats en l'absence du maire ou de son suppléant.

C'est ici le lieu de signaler la tendance abusive qui porte certains conseils municipaux à s'immiscer dans l'administration charitable et à usurper ses fonctions, sous le prétexte que les établissements de bienfaisance sont plus ou moins largement subventionnés par la commune ; sans doute, les assemblées municipales peuvent accorder ou refuser les subventions demandées par les hospices, mais il ne s'ensuit nullement que les conseils municipaux aient le droit de se substituer aux commissions charitables. Les bureaux de bienfaisance, comme les hospices, ont, d'après notre législation, des revenus propres et une existence indépendante.

Art. 6. Le receveur ne doit pas exercer, cumulativement, un emploi comportant la tenue d'une caisse et d'une comptabilité, comme ceux de notaire, d'huissier, d'agent d'une compagnie d'assurances, de courtier, etc. En second lieu, la jurisprudence de la Cour des comptes tendait à proscrire le cumul des fonctions de receveur charitable avec celles de secrétaire de la commission administrative. Il importe, en effet, dans l'intérêt de la bonne gestion et du contrôle sérieux des finances hospitalières, de séparer le comptable de l'ordonnateur ; par ses rapports constants avec la commission administrative le secrétaire est amené à participer indirectement aux actes de la commission et à la surveillance que celle-ci est tenue d'exercer sur les opérations du receveur. Mais il a paru trop rigoureux d'appliquer, d'une manière absolue, cette incompatibilité aux établissements dont les ressources sont restreintes, et qui, placés dans des localités peu importantes, éprouvent une difficulté réelle à trouver, sans sortir des conditions d'économie qui leur sont imposées, des agents intelligents et sûrs.

(1) Voir cette loi : Partie principale.

1879

2 avril. — *Décision ministérielle concernant les récépissés délivrés par les économes des hospices aux fournisseurs et aux receveurs.*

Ces récépissés sont passibles du timbre de dix centimes lorsqu'ils sont délivrés aux fournisseurs.

Ils sont exempts de cette taxe lorsqu'ils sont remis directement au receveur par l'économe sans la participation des fournisseurs.

1880

31 juillet. — *Circulaire ministérielle portant envoi de modèles destinés à servir de types pour les conventions à passer avec les commissions administratives des hospices civils.*

Monsieur l'Intendant, comme complément des dispositions contenues dans ma circulaire du 13 octobre 1879, relative à la mise en application de la loi du 7 juillet 1877 et du décret réglementaire du 1er août 1879 sur le service hospitalier de l'armée, j'ai fait établir des modèles destinés à servir de types pour les conventions à passer avec les commissions administratives des hospices civils.

Ces modèles, au nombre de trois, s'appliquent aux établissements ci-après désignés, savoir :

Hospices mixtes ou militarisés ;

Hospices proprement dits ;

Hospices non situés dans les villes de garnison.

La rédaction des conventions définitives ou provisoires devra être renfermée dans le cadre de ces modèles, mais il est bien entendu que certains articles sont susceptibles d'être modifiés, suivant les besoins de la garnison et en raison des ressources des hospices civils.

Toutefois ces modifications devront être aussi restreintes que possible, et je me réserve de les apprécier, lorsque la convention sera soumise à mon approbation.

En ce qui concerne l'enregistrement des conventions mon collègue, M. le ministre des finances, a décidé, sur ma demande, qu'il serait effectué *gratis*, en vertu de l'article 70, § 2, n° 1, de la loi du 22 frimaire an VII.

Quant aux frais de timbre des mêmes conventions, au sujet desquels la loi du 13 brumaire an VII ne contient aucune immunité, ils seront payés, à titre d'avance, par les commissions administratives des hospices civils et remboursés à leur profit, au titre des dépenses diverses, sur les fonds du budget ordinaire du service des hôpitaux.

MODÈLE DE CONVENTION POUR LES HOSPICES MIXTES OU MILITARISÉS.

e RÉGION DE CORPS D'ARMÉE

CONVENTION

Hospice d

Protocole,

L'an mil huit cent , le

Entre :

Le ministre de la guerre stipulant au nom et pour le compte de l'État, et représenté par M. , sous-intendant militaire chargé du service des hôpitaux, d'une part,

Et la commission administrative de l'hospice, composée de MM. d'autre part;

Vu la loi du 7 juillet 1877 relative à l'organisation des services hospitaliers de l'armée ;

Vu le décret du 1er août 1879 portant règlement d'administration publique pour l'exécution de ladite loi ;

Vu les circulaires explicatives des ministres de la guerre et de l'intérieur, en date des 13 et 15 octobre 1879 ;

Vu le décret du 3 février 1880, relatif à la division des hospices en deux catégories ;

Vu le règlement sur le service de santé de l'armée ;

Il a été convenu et arrêté ce qui suit :

Classification de l'hospice.

ARTICLE PREMIER. L'hospice de est classé dans la catégorie des hospices mixtes ou militarisés, en vertu du décret du 3 février 1880, relatif à la division des hospices en deux catégories.

Obligation de recevoir et de traiter les malades.

ART. 2. L'hospice s'engage à recevoir les militaires malades appartenant à la garnison, de passage ou évacués, ainsi que les autres catégories de malades déterminées par le règlement sur le service de santé de l'armée, dans les proportions et aux conditions déterminées ci-après, et quelle que soit la nature de leur maladie.

Toutefois, les militaires donnant des signes d'aliénation mentale ne sont reçus qu'à titre de mise en observation, leur évacuation sur un asile spécial devant être effectuée, s'il y a lieu, dès que l'état du malade est suffisamment constaté.

Nombre de lits à affecter aux malades militaires.

ART. 3. Le nombre des lits à mettre à la disposition de l'administration de la guerre est fixé à lits, répartis ainsi qu'il suit :

1° Pour les caporaux et soldats . . . . »
2° Pour les sous-officiers . . . . »
3° Pour les officiers . . . . »
4° Pour les officiers supérieurs. . . . . »

Division des malades par catégories.

ART. 4. Les malades, caporaux et soldats, sont réunis, par catégories de maladies, dans des salles distinctes de celles des malades civils.

Ces catégories forment des divisions de malades qui comprennent :

1° Les fiévreux ;
2° Les blessés ;
3° Les vénériens.

Cette obligation n'est pas applicable aux officiers et aux sous-officiers qui sont traités dans des locaux séparés.

Les détenus et consignés seront traités dans une salle spéciale, aménagée à cet effet, d'après les conditions imposées par le règlement sur le service de santé de l'armée.

Les malades atteints de maladies contagieuses seront traités dans des salles spéciales.

Des dispositions seront prises pour isoler les ophtalmiques et les placer dans les conditions nécessitées par leur traitement.

Bâtiments et locaux.

ART. 5. La commission administrative s'engage à affecter d'une manière permanente au service exclusif des malades militaires, ou traités comme tels, les bâtiments et locaux ci-après :

I. — BATIMENTS.

(Désignation et description des bâtiments).

II. — LOCAUX.

La répartition des locaux situés dans les bâtiments ci-dessus indiqués sera faite de la manière suivante :

NOTA. — Tenir compte, autant que possible, des conditions de position et d'aménagement prescrites par le règlement sur le service de santé de 'armée.

1° *Salles de malades.*

NOTA. — *Tenir compte, autant que possible, des conditions de position et d'aménagement prescrites par le règlement sur le service de santé de l'armée.*

DÉSIGNATION des SALLES	NOMBRE DE LITS A PLACER DANS CHAQUE SALLE									OBSERVATIONS
				Caporaux et Soldats						
	Officiers supérieurs.	Officiers.	Sous-officiers.	Fiévreux.	Blessés.	Vénériens.	Maladies contagieuses.	Ophtalmiques.	Détenus et consignés.	
TOTAUX...										
	TOTAL égal à la fixation.........									

2° *Locaux accessoires.*

DÉSIGNATION des EMPLACEMENTS	Vestiaire.	SALLE de bains.		Corps de garde.	Poste du sous-officier de planton.	Salle de garde.	Cabinet du médecin en chef.	Cour.	Jardin.	Latrines.		Etc., etc.	OBSERVATIONS.
		Officiers.	Soldats.							Officiers.	Soldats.		NOTA. — Ajouter autant de colonnes que les ressources locales le permettront, en restant dans les limites de la loi et du décret.

Les locaux accessoires ci-dessus spécifiés seront aménagés suivant les besoins qu'ils sont appelés à satisfaire.

Les latrines seront établies dans les meilleures conditions de salubrité et seront toujours tenues dans le meilleur état de propreté.

Matériel.

ART. 6. Le matériel affecté au service militaire comprendra :

I. — MATÉRIEL DES SALLES DE MALADES.

Le matériel des salles sera fourni et entretenu par l'hospice ; il se composera de :

1° *Ameublement.*

Par salle de sous-officiers et soldats :

1 paire de grands rideaux à chaque fenêtre ;

1 table pour le service journalier ;

Poëles en faïence, suivant les besoins, s'il n'existe dans l'hôpital d'autres appareils de chauffage, donnant au point de vue des convenances hygiéniques et de la production de chaleur des résultats suffisants ;

1 tapis courant au milieu de la salle.

La composition de l'ameublement des chambres d'officiers sera fixée localement entre la commission administrative et le sous-intendant militaire et le détail en sera inséré dans la convention.

2° *Mobilier.*

Par malade :

1 lit en fer;
1 paillasse contenant kilogrammes de paille de maïs ou un sommier élastique;
1 matelas composé de :
1 traversin de plume;
2 couvertures de laine;
1 table de nuit;
1 descente de lit;
1 planchette pour le repas;
1 planchette pour le billet de salle;
1 oreiller, suivant les besoins;
Accessoires nécessaires aux divers besoins du malade, tels que crachoirs, chaises percées, etc., suivant les besoins.

3° *Vêtements.*

Par malade :

1 capote en drap beige, ou d'autre nuance grise ou foncée;
1 pantalon en drap beige, ou d'autre nuance grise ou foncée;
1 paire de pantoufles.

Les capotes remises aux sous-officiers, caporaux et brigadiers seront munies d'un signe distinctif de grade.

Les vêtements alloués aux officiers seront de même nature; mais ils seront distincts et ne serviront qu'à leur usage. Ces vêtements seront en drap bleu foncé et de qualité supérieure à celui employé pour les soldats.

4° *Lingerie.*

Par malade :

1 bonnet de coton;
1 chemise;
1 cravate;
1 caleçon;
1 paire de chaussettes de laine;
1 mouchoir de poche;
1 paire de draps de lit;
1 serviette de toilette;
1 petit sac de lit;
1 gilet de flanelle . . . . }
1 chemise de flanelle . . . . . } suivant les besoins;
1 taie d'oreiller . . . . }

Linge de table pour les officiers.

Les ustensiles servant aux repas et les pots à tisane, vases de nuit, etc., seront en faïence pour les sous-officiers et soldats, et en porcelaine pour les officiers.

L'hospice mettra à la disposition des médecins militaires, selon les besoins du service, des sarraux et des tabliers pour leur usage particulier.

L'entretien, le renouvellement et les échanges périodiques et accidentels auront lieu aux époques et dans les conditions déterminées par le chapitre IV du titre VI du règlement sur le service de santé de l'armée.

II. — Matériel des locaux accessoires.

Le cabinet du médecin en chef sera pourvu d'une armoire fermant à clef pour contenir les boîtes d'instruments de chirurgie et les livres, papiers, etc.; d'un placard pouvant servir de vestiaire ; d'une table et de sièges convenables et en quantité suffisante.

Le poste du sous-officier de planton sera pourvu d'une table, d'une chaise et d'un fauteuil de garde de nuit.

Le vestiaire sera pourvu de casiers et d'étagères en nombre suffisant pour recevoir le dépôt des effets des entrants, préalablement nettoyés et lavés avec soin.

Le corps de garde sera pourvu d'un lit de camp.

La salle de bains contiendra un nombre de baignoires suffisant pour le service des sous-officiers et soldats malades.

Un cabinet de bains séparé, pourvu du matériel nécessaire, sera spécialement affecté aux officiers.

Les autres locaux accessoires recevront un mobilier en rapport avec leur destination.

Chauffage et éclairage.

Art. 7. La température des salles et chambres de malades sera maintenue, suivant les besoins, au degré fixé par le médecin-chef. Le minimum de température sera de . . . . . (chiffre à déterminer pour chaque hospice, eu égard aux conditions particulières du climat).

Un thermomètre sera placé dans chaque salle.

L'éclairage des salles sera assuré conformément au règlement.

Le cabinet du médecin en chef, la salle de garde et le poste du sous-officier de planton seront convenablement chauffés et éclairés.

Traitement des malades.

Art. 8. Les dispositions des règlements militaires concernant le service de garde, les soins hygiéniques et de propreté, le service religieux seront appliquées, autant que possible, dans le service des salles militaires.

En ce qui concerne le service médical, l'alimentation et le régime pharmaceutique les malades militaires seront traités conformément aux prescriptions du règlement sur le service de santé de l'armée.

Une marmite spéciale sera affectée à la confection du bouillon destiné aux malades militaires.

Personnel médical.

ART. 9. NOTA. — *Cet article concerne le service médical qui peut, d'après la circulaire du* 13 *octobre* 1879, *présenter trois cas particuliers; chacun d'eux a donné lieu à une rédaction spéciale indiquée ci-dessous. Il appartiendra au contrôle local de choisir celle des trois rédactions qui sera applicable à chaque hospice.*

PREMIÈRE RÉDACTION. — Le service médical sera accompli par les médecins militaires de la garnison.

Dans le cas où ces officiers de santé ne seraient plus en nombre suffisant pour assurer le service, ce nombre sera complété par les soins de l'administration militaire au moyen de médecins civils requis dans les conditions déterminées par les règlements sur le service de santé de l'armée.

L'administration de l'hospice restera étrangère à la désignation de ces médecins, mais elle en sera avisée.

Toutefois, si pour une cause définitive ou devant avoir une durée longue ou indéterminée, les médecins militaires faisaient défaut, la présente convention serait modifiée sur ce point, par application de l'article 7 de la loi, selon les ressources disponibles du personnel militaire.

L'accès de l'amphithéâtre sera donné aux médecins militaires, pour l'accomplissement des autopsies, quand il y aura lieu.

Le médecin de garde recevra les vivres d'hôpital d'après le tarif alimentaire militaire et au taux de 4 portions d'officier.

Ces frais de nourriture seront remboursés à l'hospice et compris dans les dépenses diverses.

En cas d'insuffisance du nombre de médecins militaires des médecins civils pourront être requis par le sous-intendant militaire pour assister les commissions de réforme, faire les contre-visites des malades proposés pour les eaux thermales, pour la retraite, la réforme, etc.

DEUXIÈME RÉDACTION. — Le service médical sera accompli, partie par les médecins de l'hospice, partie par les médecins militaires de la garnison.

Si, accidentellement, le nombre des médecins militaires diminuait au point qu'il ne leur fût plus possible d'assurer la partie du service qui leur est attribuée, il serait suppléé à leur insuffisance par des médecins civils requis dans les conditions prescrites par le règlement sur le service de santé de l'armée.

Le service des salles sera réparti par division et par salle de malades, conformément au tableau ci-après :

DÉSIGNATION DES MÉDECINS (Militaires et civils).	DIVISION des MALADES	INDICATION des SALLES.	OBSERVATIONS NOTA. — Les noms des médecins ne seront pas indiqués dans la convention.
	Fiévreux......		
	Blessés........		
	Vénériens......		
	Détenus.......		
	Sous-officiers..		
	Officiers.......		

Les médecins civils de l'hospice seront, dans leurs services, complètement indépendants des médecins militaires, et réciproquement.

Toutefois, les médecins civils participeront aux réunions périodiques ou accidentelles prévues par les règlements.

Si, pour une cause définitive, ou devant avoir une durée longue ou indéterminée, les médecins militaires faisaient complètement défaut, la présente convention serait modifiée sur ce point par application de l'article 7 de la loi, et le service médical serait entièrement confié aux médecins civils de l'hospice.

L'accès de l'amphithéâtre sera donné aux médecins militaires, pour l'accomplissement des autopsies, quand il y aura lieu.

TROISIÈME RÉDACTION. — Le service médical sera fait par les médecins civils de l'hospice.

S'il y avait lieu de changer cette condition et de confier à des médecins militaires le service des salles militaires, en totalité ou en partie, la présente convention serait modifiée sur ce point.

Dans ce dernier cas, l'accès de l'amphithéâtre sera donné aux médecins militaires, pour l'accomplissement des autopsies, quand il y aura lieu.

Servants et infirmiers.

ART. 10. NOTA. — *Le personnel de service pouvant être composé de deux manières différentes, il est établi deux types de rédaction des conditions qui les concernent.*

Première rédaction. — Le personnel de service sera fourni par l'hospice à qui appartient le choix des sœurs de charité et des servants à affecter aux salles militaires, comme aux services généraux.

Le nombre des sœurs et des servants à attacher aux salles militaires est fixé à un servant pour dix malades.

Un ou plusieurs servants seront affectés, suivant les besoins, au service des officiers.

Le personnel de service sera tenu de se conformer aux ordres des médecins militaires pour tout ce qui concerne l'exécution du service médical et l'hygiène des salles de malades.

Les services généraux et accessoires seront exécutés par un personnel suffisant pour que le service des malades soit largement assuré dans toutes ses parties.

Si les servants civils viennent à être remplacés par des infirmiers militaires la présente convention sera préalablement modifiée dans la forme prescrite par le décret du 1er août 1879.

Deuxième rédaction. — Des infirmiers militaires au nombre de dont de visite seront attachés au service des salles militaires.

Les services généraux seront exécutés par le personnel civil de l'hospice.

Les infirmiers militaires seront logés (indiquer le local qui leur sera affecté).

Un bureau suffisamment meublé sera affecté au commandant du détachement.

Ils seront nourris suivant le tarif alimentaire qui leur est spécial, blanchis, éclairés et chauffés par les soins de l'hospice. La dépense qui en résultera sera comprise dans le prix de la journée.

La solde et la prime de travail leur seront payées par les soins de l'administration militaire.

Nota. — *Dans le cas où les allocations réglementaires ci-dessus indiquées, ne pourraient être attribuées aux infirmiers, le contrôle local déterminera, de concert avec la commission administrative, les conditions dans lesquelles il sera pourvu au logement et à la nourriture de ces militaires.*

Si les infirmiers militaires viennent à être remplacés par des servants civils, la présente convention sera préalablement modifiée dans la forme prescrite par le décret du 1er août 1879.

Prix de journée.

Art. 11. L'hospice sera couvert de sa dépense par le paiement des journées de traitement, évaluées suivant les allocations attribuées aux diverses catégories de malades, classées par nature de dépenses, conformément aux prescriptions de l'article 19 du décret du 1er août 1879 et spécifiées dans le tableau ci-après :

DÉSIGNATION des CATÉGORIES DE MALADES.	Nourriture.	Indemnité locative.	Indemnité pour le matériel.	Frais divers (4° de l'article 19 du décret).	SERVANTS		PRIX DE JOURNÉE	
					Civils.	Infirmiers militaires.	en chiffres.	en TOUTES LETTRES.
Soldats et caporaux..								
Sous-officiers........								
Officiers.............								
Officiers supérieurs..								

Sorties.

Art. 12. Il sera payé à l'hospice une somme de   pour les sous-officiers et soldats étrangers à la garnison, sortant exceptionnellement de l'hospice, après avoir reçu le repas du matin.

Sépultures.

Art. 13. Les frais de sépultures seront remboursés à l'hospice d'après le tarif ci-après :

DÉSIGNATION des CATÉGORIES DE DÉCÉDÉS.	Service religieux et pompe funéraire.	Suaire.	Cercueil.	Creusement de la fosse.	Transport au cimetière.	Croix tombale.	TOTAL	
							en chiffres.	en TOUTES LETTRES.
Soldats et caporaux..								
Sous-officiers........								
Officiers.............								
Officiers supérieurs...								

L'hospice se conformera, dans l'accomplissement du service des inhumations, à toutes les prescriptions réglementaires rappelées dans la circulaire du 13 octobre 1879.

Appareils prothétiques.

Art. 14. L'hospice s'engage à fournir les appareils prothétiques ordinaires qui pourront être achetés dans la localité ; ils lui seront remboursés aux prix de facture. Ils ne seront délivrés aux malades qu'après l'accomplissement des formalités réglementaires prescrites à ce sujet.

Fournitures de bureau des médecins.

Art. 15. L'hospice s'engage à délivrer aux médecins militaires les fournitures de bureau qui lui seront demandées. Ces demandes seront faites sous forme de bons du médecin militaire en chef. Le paiement en sera effectué trimestriellement sur la production d'une facture appuyée des bons.

Comptabilité.

Art. 16. Les registres réglementaires et la comptabilité seront tenus, et les comptes établis et produits par la commission administrative, conformément aux prescriptions réglementaires en vigueur.

L'administration de la guerre fournira gratuitement à l'hospice tous les registres et imprimés compris dans la nomenclature officielle, et se rapportant à l'exécution du service hospitalier et à l'établissement des comptes.

Les dépenses de reliure, régulièrement autorisées par le contrôle local, seront remboursées à l'hospice, au titre des dépenses diverses.

Paiements.

Art. 17. Les paiements auront lieu par trimestre, au moyen de mandats délivrés par l'intendance militaire, dans les conditions réglementaires, au nom du receveur de l'hospice.

Frais de timbre et d'enregistrement de la convention.

Art. 18. L'enregistrement de la convention sera effectué *gratis*, en exécution de l'article 70, § 2, n° 1 de la loi du 22 frimaire an VII. Quant aux frais de timbre de la convention, ils seront avancés par la commission administrative de l'hospice et remboursés par le département de la guerre.

Durée de la convention.

Art. 19. La présente convention est passée pour une période de cinq ans, à partir de la date qui sera fixée par les ministres de la guerre et de l'intérieur.

Elle est susceptible de révision, dans les cas prévus par la loi du 7 juillet 1877 et le décret du 1er août 1879.

A défaut de dénonciation, par l'une des parties contractantes, six mois avant son expiration, ladite convention continuera à avoir son effet par tacite reconduction pour une nouvelle période de cinq ans.

Conditions particulières.

Art. 20. Nota. — *Dans le cas où il y aurait lieu d'ajouter au cadre précédent quelques conditions spéciales, elles seraient énumérées dans cet article.*

A , le 18 .

Les membres de la commission administrative,

Le sous-intendant militaire,

Approuvé :

Le conseil municipal de la ville de ,

Vu :

Le préfet du département d ,

Vu :

L'intendant militaire du ᵉ corps d'armée,

Approuvé la présente convention pour avoir son effet à partir du

Le ministre de la guerre,

Le ministre de l'intérieur,

MODÈLE DE CONVENTION POUR LES HOSPICES PROPREMENT DITS.

• RÉGION DE CORPS D'ARMÉE

CONVENTION

Hospice d

Protocole.

L'an mil huit cent , le. . . . .

Entre :

Le ministre de la guerre, stipulant au nom et pour le compte de l'État, et représenté par M. , sous-intendant militaire chargé du service des hôpitaux, d'une part,

Et la commission administrative de l'hospice, composée de MM. , d'autre part;

Vu la loi du 7 juillet 1877 relative à l'organisation des services hospitaliers de l'armée ;

Vu le décret du 1er août 1879 portant règlement d'administration publique pour l'exécution de ladite loi ;

Vu les circulaires explicatives des ministres de la guerre et de l'intérieur, en date des 13 et 15 octobre 1879 ;

Vu le décret du 3 février 1880, relatif à la division des hospices en deux catégories ;

Vu le règlement sur le service de santé de l'armée ;

Il a été convenu et arrêté ce qui suit :

Classification de l'hospice.

ARTICLE PREMIER. L'hospice d est classé dans la catégorie des hospices proprement dits, en vertu du décret du 3 février 1880, relatif à la division des hospices en deux catégories.

Obligation de recevoir et de traiter les malades.

ART. 2. L'hospice s'engage à recevoir les militaires malades appartenant à la garnison, de passage ou évacués, ainsi que les autres catégories de malades déterminées par le règlement sur le service de santé de l'armée, dans les proportions et aux conditions déterminées ci-après, et quelle que soit la nature de leur maladie.

Toutefois, les militaires donnant des signes d'aliénation mentale ne sont reçus qu'à titre de mise en observation, leur évacuation sur un asile spécial devant être effectuée, s'il y a lieu, dès que l'état du malade est suffisamment constaté.

Nombre de lits à affecter aux malades militaires.

ART. 3. Le nombre des lits à mettre à la disposition de l'administration de la guerre est fixé, savoir :

1° A lits pour les sous-officiers, caporaux et soldats;
2° A lits pour les officiers.

Placement des malades dans les salles.

ART. 4. PREMIÈRE RÉDACTION DU PREMIER PARAGRAPHE. — Les malades sous-officiers, caporaux et soldats seront traités dans des salles distinctes de celles des malades civils.

DEUXIÈME RÉDACTION DU PREMIER PARAGRAPHE (en cas d'impossibilité absolue d'application de la première). — Les malades militaires seront traités dans les mêmes salles que les malades civils et groupés dans ces salles, s'il est possible, par catégories de maladies (fiévreux, blessés, vénériens).

Les officiers seront traités dans une chambre spécialement affectée à leur usage.

Les malades atteints de maladies contagieuses et d'ophtalmie seront traités dans les salles réservées au traitement de ces maladies.

L'espacement entre les lits et le nombre de mètres cubes d'air à attribuer à chaque malade rempliront au minimum les conditions imposées par l'article 650 du règlement sur le service de santé de l'armée.

Matériel.

ART. 5. Le matériel comprendra pour chaque malade militaire, savoir :

1° *Mobilier.*

1 lit en fer;
1 paillasse ou 1 sommier élastique;
1 matelas;
1 traversin;
2 couvertures de laine;
1 table de nuit;
1 descente de lit;
1 planchette pour le repas;

1 planchette pour le billet de salle ;
1 oreiller suivant les besoins ;
Accessoires nécessaires aux besoins divers du malade.

2° *Vêtements.*

1 capote en drap beige, ou d'autre nuance grise ou foncée ;
1 pantalon en drap beige, ou d'autre nuance grise ou foncée ;
1 paire de pantoufles.

Les capotes remises aux sous-officiers, caporaux et brigadiers seront munies d'un signe distinctif de grade.

Les vêtements alloués aux officiers seront de même nature, mais ils seront distincts et ne serviront qu'à leur usage.

Les vêtements seront en drap bleu foncé et de qualité supérieure à celui employé pour les soldats.

3° *Lingerie.*

1 bonnet de coton ;
1 chemise ;
1 cravate ;
1 caleçon ;
1 paire de chaussettes de laine ;
1 mouchoir de poche ;
1 paire de draps de lit ;
1 serviette de toilette ;
1 petit sac de lit ;
1 gilet de flanelle. . . . }
1 chemise de flanelle. . } suivant les besoins ;
1 taie d'oreiller. . . . . }
Linge de table pour les officiers.

L'entretien, le renouvellement et les échanges périodiques et accidentels auront lieu aux époques et dans les conditions déterminées par le chapitre IV du titre VI du règlement sur le service de santé de l'armée.

Chauffage et éclairage.

Art. 6. La température des salles et chambres de malades sera maintenue, suivant les besoins, au degré fixé par le médecin en chef. Le minimum de température sera de (chiffre à déterminer pour chaque hospice eu égard aux conditions particulières du climat).

Un thermomètre sera placé dans chacune de ces salles.

L'éclairage des salles sera convenablement assuré.

Traitement des malades.

Art. 7. Les malades militaires seront soumis au régime général de l'hospice. Toutefois, il leur sera fait, autant que possible, application des dispositions des règlements militaires, en ce qui concerne les soins hygiéniques et de propreté et le service religieux.

Personnel médical.

ART. 8. Les malades militaires seront soignés par les médecins civils attachés à l'hospice.

Les médecins militaires de la garnison auront le droit de les visiter, sans pouvoir, sous aucun prétexte, s'immiscer dans le traitement ni donner aucun ordre dans le service.

Servants.

ART. 9. Le service des malades militaires sera assuré par un personnel choisi par la commission administrative de l'hospice et en nombre suffisant pour satisfaire convenablement à tous les besoins.

Prix de journée.

ART. 10. L'hospice sera couvert de sa dépense par le paiement de journées de traitement fixées ainsi qu'il suit :

Soldats et caporaux. . . . . »
Sous-officiers. . . . . »
Officiers . . . . »
Officiers supérieurs. . . . . »

(Indiquer les prix en chiffres et en toutes lettres).

Sorties.

ART. 11. Il sera payé à l'hospice une somme de pour les sous-officiers et soldats étrangers à la garnison, sortant exceptionnellement de l'hospice, après avoir reçu le repas du matin.

Sépultures.

ART. 12. Les frais de sépultures seront remboursés à l'hospice d'après le tarif ci-après :

DÉSIGNATION des CATÉGORIES DE DÉCÉDÉS.	Service religieux et pompe funéraire.	Suaire.	Cercueil.	Creusement de la fosse.	Transport au cimetière.	Croix tombale.	TOTAL en chiffres.	TOTAL en TOUTES LETTRES
Soldats et caporaux..								
Sous-officiers........								
Officiers............								
Officiers supérieurs..								

L'hospice se conformera, dans l'accomplissement du service des inhumations, à toutes les prescriptions réglementaires rappelées dans la circulaire du 13 octobre 1879.

Appareils prothétiques.

Art. 13. L'hospice s'engage à fournir les appareils prothétiques ordinaires qui pourront être achetés dans la localité; ils lui seront remboursés aux prix de facture. Ils ne seront délivrés aux malades qu'après l'accomplissement des formalités réglementaires prescrites à ce sujet.

Comptabilité.

Art. 14. Les registres réglementaires et la comptabilité seront tenus et les comptes établis et produits par la commission administrative, conformément aux prescriptions réglementaires en vigueur.

L'administration de la guerre fournira gratuitement à l'hospice tous les registres et imprimés compris dans la nomenclature officielle, et se rapportant à l'exécution du service hospitalier et à l'établissement des comptes.

Les dépenses de reliure, régulièrement autorisées par le contrôle local, seront remboursées à l'hospice au titre des dépenses diverses.

Paiements.

Art. 15. Les paiements auront lieu par trimestre, au moyen de mandats délivrés par l'intendance militaire, dans les conditions réglementaires, au nom du receveur de l'hospice.

Frais de timbre et d'enregistrement de la convention.

Art. 16. L'enregistrement de la convention sera effectué *gratis*, en exécution de l'article 70, § 2, n° 1 de la loi du 22 frimaire an VII. Quant aux frais de timbre de la convention, ils seront avancés par la commission administrative de l'hospice et remboursés par le département de la guerre.

Durée de la convention.

Art. 17. La présente convention est passée pour une période de cinq ans, à partir de la date qui sera fixée par les ministres de la guerre et de l'intérieur.

Elle est susceptible de révision dans les cas prévus par la loi du 7 juillet 1877 et le décret du 1er août 1879.

A défaut de dénonciation, par l'une des parties contractantes, six mois avant son expiration, ladite convention continuera à avoir son effet par tacite reconduction pour une nouvelle période de cinq ans.

Conditions particulières.

Art. 18. Nota. — *Dans le cas où il y aurait lieu d'ajouter au cadre pré-*

cédent quelques conditions spéciales, elles seraient énumérées dans cet article.

A , le 18 .

Les membres de la commission administrative,

Le sous-intendant militaire,

Approuvé :

Le conseil municipal de la ville d

Vu :

Le préfet du département,

Vu :

L'intendant militaire du [e] corps d'armée,

Approuvé la présente convention pour avoir son effet à partir du

Le ministre de la guerre,

Le ministre de l'intérieur,

MODÈLE DE CONVENTION POUR LES HOSPICES NON SITUÉS DANS DES VILLES DE GARNISON.

e RÉGION DE CORPS D'ARMÉE

Hospice d

CONVENTION

Protocole.

L'an mil huit cent , le

Le ministre de la guerre stipulant au nom et pour le compte de l'État, et représenté par M. , sous-intendant militaire chargé du service des hôpitaux, d'une part, et la commission administrative de l'hospice, composée de MM. , d'autre part;

Vu la loi du 7 juillet 1877 relative à l'organisation des services hospitaliers de l'armée ;

Vu le décret du 1er août 1879 portant règlement d'administration publique pour l'exécution de ladite loi;

Vu les circulaires explicatives des ministres de la guerre et de l'intérieur en date des 13 et 15 octobre 1879 ;

Vu le règlement sur le service de santé de l'armée;

Il a été convenu et arrêté ce qui suit :

Obligation de recevoir et de traiter les malades.

Article premier. L'hospice s'engage à recevoir les militaires malades, de passage ou évacués, ainsi que les autres catégories de malades déterminées par le règlement sur le service de santé de l'armée, aux conditions déterminées ci-après, et quelle que soit la nature de leur maladie.

Toutefois, cette obligation est limitée aux ressources disponibles de l'hospice.

Placement et traitement des malades.

Art. 2. Les malades militaires seront placés dans les meilleures conditions que permettront les ressources de l'hospice, de manière que leur traitement se rapproche le plus possible de celui en usage dans les hospices des villes de garnison.

Les officiers seront placés dans une salle spéciale convenablement installée, et recevront un traitement en rapport avec leur position.

Personnel médical.

Art. 3. Les malades militaires seront soignés par les médecins civils attachés à l'hospice.

Matériel.

Art. 4. Le matériel affecté aux malades militaires (sous-officiers et soldats) sera le même que celui employé pour les autres malades. La commission administrative de l'hospice s'engage à assurer les échanges de linge de corps et de literie, chaque fois que la nécessité en sera reconnue par le médecin traitant et aux époques périodiques ci-après :

(Indiquer ces époques dans la convention.)

Le matériel destiné au traitement des officiers remplira les conditions convenables de qualité et d'entretien.

Surveillance et contrôle du service.

Art. 5. Les malades militaires restent soumis aux règles ordinaires concernant la discipline intérieure, la surveillance et le contrôle du service des hôpitaux militaires.

La commission administrative accepte l'application à l'hospice de celles de ces règles qui concernent le service général.

Prix de journée.

Art. 6. L'hospice sera couvert de ses dépenses par le paiement des journées de traitement fixées ainsi qu'il suit :

Soldats et caporaux;

Sous-officiers;

Officiers;

Officiers supérieurs.

(Indiquer les prix en chiffres et en toutes lettres.)

Sorties.

Art. 7. Il sera payé à l'hospice une somme de pour les sous-officiers et soldats, sortant exceptionnellement de l'hospice, après avoir reçu le repas du matin.

Sépultures.

Art. 8. Les frais de sépultures seront remboursés à l'hospice d'après le tarif ci-après :

DÉSIGNATION des CATÉGORIES DE DÉCÉDÉS.	Service religieux et pompe funéraire.	Suaire.	Cercueil.	Creusement de la fosse.	Transport au cimetière.	Croix tombale.	TOTAL en chiffres.	TOTAL en TOUTES LETTRES.
Soldats et caporaux..								
Sous-officiers........								
Officiers.............								
Officiers supérieurs...								

Appareils prothétiques.

Art. 9. L'hospice s'engage à fournir les appareils prothétiques ordinaires qui pourront être achetés dans la localité ; ils lui seront remboursés aux prix de facture. Ils ne seront délivrés aux malades qu'après l'accomplissement des formalités réglementaires prescrites à ce sujet.

Comptabilité.

Art. 10. Les registres réglementaires et la comptabilité seront tenus, et les comptes établis et produits par la commission administrative, conformément aux prescriptions réglementaires en vigueur.

L'administration de la guerre fournira gratuitement à l'hospice tous les registres et imprimés compris dans la nomenclature officielle, et se rapportant à l'exécution du service hospitalier et à l'établissement des comptes.

Les dépenses de reliure, régulièrement autorisées par le contrôle local, seront remboursées à l'hospice au titre des dépenses diverses.

Paiement.

Art. 11. Les paiements auront lieu par trimestre, au moyen de mandats délivrés par l'intendance militaire, dans les conditions réglementaires, au nom du receveur de l'hospice.

Frais de timbre et d'enregistrement de la convention.

Art. 12. L'enregistrement de la convention sera effectué *gratis*, en exécution de l'article 70, § 2, n° 1 de la loi du 22 frimaire an VII. Quant aux frais de timbre de la convention, ils seront avancés par la commission administrative de l'hospice et remboursés par le département de la guerre.

Durée de la convention.

Art. 13. La présente convention est passée pour une période de cinq ans, à partir de la date qui sera fixée par les ministres de la guerre et de l'intérieur.

Elle est susceptible de révision dans les cas prévus par la loi du 7 juillet 1877 et le décret du 1er août 1879.

A défaut de dénonciation, par l'une des parties contractantes, six mois avant son expiration, ladite convention continuera à avoir son effet par tacite reconduction pour une nouvelle période de cinq ans.

Conditions particulières.

Art. 14. Nota. — *Dans le cas où il y aurait lieu d'ajouter au cadre précédent quelques conditions spéciales, elles seraient énumérées dans cet article.*

A , le 18 .

Les membres de la commission administrative,

Le sous-intendant militaire,

Approuvé :

Le conseil municipal de la ville de ,

Vu :

Le préfet du département,

Vu :

L'intendant militaire du e corps d'armée,

Approuvé la présente convention pour avoir son effet à partir du

Le ministre de la guerre,

Le ministre de l'intérieur,

30 SEPTEMBRE. — *Note ministérielle relative aux allocations à attribuer aux hospices civils pour les malades évacués.*

Aux termes de l'article 856 du règlement sur le service de santé de l'armée les relevés des journées de malades traités dans les hospices civils sont terminées par un décompte des journées de traitement, des sorties en santé, qui sont allouées pour les sortants étrangers à la garnison, et des sépultures, aux prix réglés par les conventions intervenues entre l'administration de la guerre et les commissions administratives de ces établissements.

Comme complément de cette disposition le ministre a décidé qu'une demi-journée de traitement sera attribuée aux hospices, pour tous les malades traités au titre du département de la guerre et qui auront été évacués après avoir reçu les allocations du matin.

En conséquence, l'article 856 dudit règlement sera complété par un paragraphe ainsi conçu :

« Ce décompte comprendra, en outre, une demi-journée de traitement, pour » chaque malade évacué ayant reçu les allocations d'aliments, de médica- » ments, et, s'il y a lieu, d'objets de pansement, prescrits par le médecin » traitant pour la distribution du matin. »

Cette nouvelle disposition sera appliquée à partir du 1er octobre 1880.

1882

23 MARS. — *Arrêt de la Cour des comptes décidant qu'un maire qui, induit en erreur par les énonciations d'un certificat pour paiement délivré par l'architecte de la commune a mandaté, au profit d'un entrepreneur, une somme supérieure à ce qui lui est dû, n'est pas pour cela comptable occulte* (1).

1883

11 AVRIL. — *Décision ministérielle portant que les effets mobiliers provenant des malades indigents décédés dans les hospices ne sont pas assujettis au droit de mutation.*

26 AVRIL. — *Circulaire ministérielle relative à la délivrance des bons de tabac aux militaires en traitement dans les hôpitaux militaires ou dans les hospices civils. — Extrait.*

Les états nominatifs des sous-officiers et soldats en traitement dans un hos-

(1) Nous faisons connaître ici cet arrêt parce qu'il s'applique nécessairement aussi bien aux ordonnateurs des hospices qu'aux maires.

pice civil doivent être signés par le médecin traitant et l'économe de l'hospice.

28 DÉCEMBRE. — *Décret portant règlement sur le service de santé de l'armée. — Extrait.*

ART. 542. Toutes les fois que dans les articles ci-après il est question *de l'hôpital,* il y a lieu d'entendre les *salles militaires de l'hospice civil.*

De même, lorsque les articles contiennent les appellations de *comptable, d'officier d'administration,* il y a lieu de leur substituer, suivant le cas, celles de *commission administrative,* de *délégués de l'administration, d'économe* ou de *receveur.*

ART. 543. Les hospices civils sont divisés en trois catégories :

1° Hospices civils mixtes ou militarisés;

2° Hospices civils proprement dits;

La troisième catégorie comprend les hospices civils non situés dans des villes de garnison.

ART. 544. Lorsqu'il y a lieu de passer une convention nouvelle avec un hospice civil le ministre de la guerre donne des ordres nécessaires pour l'ouverture de conférences préparatoires auxquelles prennent part, sous la présidence du général commandant la subdivision, le sous-intendant militaire, le chef du génie et le médecin-chef des salles militaires de l'hospice civil.

Le sous-intendant militaire négocie le projet de convention avec la commission administrative de l'hospice, en tenant compte des avis exprimés par la commission ci-dessus visée.

Le sous-intendant militaire adresse au directeur du service de l'intendance une expédition des procès-verbaux de conférences et trois expéditions du projet de convention.

Le directeur du service de l'intendance, après avoir pris l'avis du directeur du service de santé, fait parvenir au préfet du département une expédition du projet de convention pour que cet acte soit soumis à l'approbation du conseil municipal, conformément à l'article 7 de la loi du 7 juillet 1877.

Le directeur du service de l'intendance soumet ensuite la convention, ainsi complétée, à l'approbation du ministre, par l'intermédiaire du général commandant le corps d'armée.

Lorsque la convention est définitive le directeur du service de l'intendance en délivre une expédition authentique au directeur du service de santé et au médecin chef des salles militaires.

ART. 545. Le médecin chef des salles militaires d'un hospice civil est chargé de veiller à l'exécution des conventions, sauf en ce qui concerne la tenue des écritures administratives, les justifications et les comptes. A cet effet, il se met en rapport, quand il y a lieu, avec la commission administrative.

Les contestations que peut soulever l'exécution d'une convention sont soumises au général commandant le corps d'armée, qui, après avoir pris l'avis des directeurs du service de l'intendance et de santé, en fait un rapport au ministre de la guerre.

Le sous-intendant militaire et la commission administrative se concertent pour tout ce qui a trait aux écritures, aux justifications et aux comptes.

Hospices civils, mixtes ou militarisés.

ART. 546. Dans ces hospices le service des salles militaires est assuré par les médecins militaires; leur nombre est déterminé dans chaque localité par le directeur du service de santé.

Quand les médecins ainsi désignés appartiennent exclusivement aux corps de la garnison, le général commandant le corps d'armée fixe, d'après les propositions du directeur du service de santé et du général commandant la subdivision, les heures des visites et des contre-visites.

ART. 547. Le médecin désigné pour diriger le service prend le titre de médecin-chef et en exerce les attributions.

Il a seul qualité pour entrer en relations avec la commission administrative pour tous les détails du service et pour les plaintes qu'auraient à formuler les membres du personnel placé sous ses ordres.

Il correspond directement avec la commission administrative.

ART. 548. Le médecin-chef tient et conserve :

1° Le registre à talon des certificats de visite et de contre-visite ;

2° Le carnet-inventaire de l'arsenal chirurgical ;

3° Le registre des ordres laissés par les inspecteurs généraux ;

4° Le registre de la correspondance ;

5° Le registre de la statistique médicale.

ART. 549. La commission administrative reçoit, par les soins du service de l'intendance, les imprimés fournis par l'administration de la guerre ; elle remet au médecin-chef les registres et imprimés nécessaires à son service ; elle lui délivre également, sur bons particuliers revêtus de sa signature, les fournitures de bureaux (papier blanc, encre, plumes, porte-plumes, etc., etc.).

ART. 550. Lorsque des infirmiers militaires sont placés dans les hospices militarisés le détachement est, suivant son importance, commandé par un officier ou un adjudant élève d'administration ou par un sous-officier.

Le chef du détachement est, pour tout ce qui concerne le service des salles militaires, placé sous les ordres du médecin-chef.

Les infirmiers militaires sont logés et nourris d'après les stipulations admises dans la convention ; ils ne peuvent être employés qu'au service des salles militaires, et ne sont autorisés à pénétrer dans la partie de l'établissement affectée aux malades civils que pour l'exécution d'un service militaire.

Ils doivent le respect aux médecins civils, aux aumôniers, aux sœurs et aux employés civils de l'établissement.

Leur installation, doit autant que possible, concorder avec le premier jour d'un trimestre.

Dans les hospices militarisés où il n'y a pas d'infirmiers militaires la commission administrative est tenue d'affecter aux salles de malades un personnel suffisant pour assurer la tenue des cahiers de visite, des relevés et des écritures que le règlement sur le service de santé impose au médecin-chef.

Art. 551. La rédaction de la consigne du concierge, des dispositions concernant les promenades et les autorisations de visiter les militaires malades sont réglées par le médecin-chef, de concert avec la commission administrative.

Cas d'admission à la charge du département de la guerre. — *Art.* 201. Sont admis, à la charge du département de la guerre :

1° Les officiers de toutes armes en activité, en disponibilité ou en non-activité, présents ou absents ;

2° Les fonctionnaires du corps du contrôle de l'administration de l'armée, les fonctionnaires de l'intendance militaire, les officiers du corps de santé, les officiers d'administration, les aumôniers militaires, les vétérinaires militaires, les interprètes militaires, les gardes d'artillerie, les adjoints du génie, les archivistes d'état-major et les employés militaires commissionnés dans les mêmes positions ;

3° Les officiers et les fonctionnaires de réserve et de l'armée territoriale, pendant la durée des exercices auxquels ils sont convoqués ;

4° Les sous-officiers et soldats présents à leurs corps ou titulaires d'une permission ou d'un congé de convalescence, y compris ceux de la gendarmerie et de la garde républicaine ; les militaires appartenant à la gendarmerie départementale sont toujours traités comme sous-officiers ;

5° Les soldats du génie détachés dans les compagnies de chemin de fer ;

6° Les enfants de troupe, présents ou absents ;

7° Les jeunes soldats appelés sous les drapeaux, lorsqu'ils ont reçu leur ordre de route ;

8° Les engagés volontaires, les rengagés de la réserve et les engagés conditionnels, quand ils sont porteurs de feuilles de route pour rejoindre leur corps ;

9° Les militaires de l'armée active envoyés en congé avant l'expiration de la durée légale du service actif, les hommes de la réserve de l'armée active, ceux de l'armée territoriale ou de la réserve de cette armée, mais seulement pendant la durée des exercices auxquels ils sont astreints ou lorsqu'ils sont convoqués par un ordre de l'autorité militaire ;

10° Les militaires rentrant dans leurs foyers, qui tombent malades en route, dans la direction et dans les délais prescrits par leur feuille de route ;

11° Les caserniers n'ayant que le traitement de leur emploi ;

12° Les employés de l'administration centrale du département de la guerre, présents ou absents.

Cas d'admission à charge de remboursement.—*Art.* 202. Sont admis et traités, à charge par eux de rembourser le prix de la journée, conformément au tarif fixé par le ministre :

1° Les officiers, sous-officiers et soldats du régiment des sapeurs-pompiers de la ville de Paris ;

2° Les marins, officiers et soldats ou traités comme tels, dans les mêmes conditions que les militaires de l'armée ;

3° Les employés des douanes et les agents des eaux et forêts ;

4° Le personnel de la trésorerie et des postes, et celui de la télégraphie militaire pendant la durée des exercices militaires auxquels ils sont convoqués ;

5° Les agents des postes embarqués sur des paquebots ou attachés aux bureaux français à l'étranger ;

6° Les employés des administrations civiles de l'Algérie ;

7° Les caserniers et les concierges des hôtels d'officiers généraux, jouissant d'une pension de retraite;

8° Les colons de l'Algérie, à défaut d'hospice civil;

9° Le personnel d'exploitation du service des poudres et salpêtres, ainsi que les ouvriers externes de l'artillerie et du génie, lorsqu'ils sont blessés ou qu'ils tombent malades pendant l'exécution des travaux faits pour ces services, et lorsque les marchés des entrepreneurs font mention de ces conditions (1) ;

10° Les prisonniers de guerre ;

11° Les militaires étrangers ;

12° Les réfugiés politiques.

Cas spéciaux d'admission. — Art. 203. Indépendamment des cas d'admission prévus ci-dessus le ministre se réserve le droit d'autoriser le traitement dans les hôpitaux militaires, à charge de remboursement, des personnes non comprises dans les catégories qui précèdent et pour lesquelles cette faveur peut être justement motivée.

Droits réservés aux militaires pensionnés et réformés.—Art. 204. Peuvent aussi être reçus dans les établissements hospitaliers, moyennant remboursement, les militaires jouissant d'une pension de retraite, d'une pension ou d'une solde de réforme, d'une gratification temporaire de réforme, d'une gratification de réforme renouvelable, lorsqu'ils sont atteints de maladies aiguës ou nécessitant des opérations sérieuses.

Leur admission, sur le vu d'un certificat de visite, est approuvée par le ministre ou, en cas d'urgence, autorisée par le général commandant la subdivision . . . .

Les dispositions qui précèdent s'étendent aux militaires de l'hôtel des Invalides en position régulière d'absence.

Remboursement des frais de traitement. — Art. 205. Les frais de traitement sont remboursés aux prix arrêtés par le ministre.

Ce remboursement est effectué :

1° Directement, par les colons de l'Algérie et les militaires étrangers;

2° Pour les autres personnels, par les ministères, services ou administrations dont ils relèvent;

3° Pour les ouvriers externes de l'artillerie et du génie, par les entrepreneurs qui les emploient;

4° Pour les prisonniers de guerre et les réfugiés politiques, suivant les conventions intervenues avec les départements des affaires étrangères ou de l'intérieur.

Art. 206. Dans aucun cas, le montant des retenues pour remboursement des journées de traitement et des dépenses accessoires ne peut être supérieur, pour les militaires pensionnés ou réformés de tous grades, au montant de la

(1) Ces malades ne sont pas admis lorsqu'ils sont atteints d'affections syphilitiques ou vénériennes (Décision ministérielle du 28 novembre 1879).

pension de la solde de réforme ou de la gratification pendant la période du temps de présence à l'hôpital.

Militaires atteints d'aliénation mentale. — *Art.* 208. Les militaires en activité de service atteints d'aliénation mentale ne sont admis que momentanément et jusqu'à l'accomplissement des formules indiquées à l'article 566.

Billets d'entrée. — *Art.* 209. Nul n'est admis sans un billet d'entrée régulièrement établi.

Le jour de l'entrée appartient à l'hôpital.

Avis à donner par le comptable pour certaines entrées (art. 213). Le comptable doit, sans délai, et au moyen d'un bulletin adressé directement, donner connaissance des entrées dans les hôpitaux, savoir :

1° Pour les militaires des corps qui ne sont pas stationnés dans la place, aux conseils d'administration ;

2° Pour les marins reçus dans les hôpitaux, étant en route, aux commissaires de marine du lieu de destination ;

3° Pour les engagés volontaires et les jeunes soldats tombés malades en se rendant à leur destination, au commandant de recrutement ;

4° Pour les officiers en non-activité ou jouissant d'une solde de réforme, et pour les militaires titulaires d'une gratification de réforme, au sous-intendant militaire de leur subdivision de région ;

5° Pour les militaires pensionnés, au ministre des finances (direction de la dette inscrite).

Dépôt de l'argent, des bijoux et autres valeurs. — *Art.* 218. Si le malade a de l'argent, des bijoux ou autres valeurs, ou s'il en reçoit pendant son séjour à l'hôpital, il doit en faire la déclaration. Cette déclaration est inscrite au verso du billet de salle et signée par lui ainsi que par l'officier d'administration préposé aux entrées.

L'argent, les bijoux et les valeurs sont remis au comptable qui en délivre un reçu particulier, les dépose immédiatement dans sa caisse et les inscrit sur un registre spécial.

Si le malade déclare n'avoir ni argent, ni bijoux, ni valeurs, il est fait mention de sa déclaration de la même manière que ci-dessus.

Le comptable ne peut exiger la remise entre ses mains des valeurs adressées aux militaires en traitement, que lorsque les destinataires ont ouvert la lettre contenant les valeurs et ont émargé au registre du vaguemestre.

Dans le cas de séjour prolongé à l'hôpital le comptable peut remettre au malade des acomptes de faible importance à valoir sur la somme qu'il a déposée.

Exceptions concernant les officiers. — *Art.* 222. Les officiers peuvent conserver dans les salles les effets qu'ils désirent garder et les valeurs dont ils sont porteurs.

Distance des lits. — *Art.* 239. L'espacement des lits est calculé de manière à donner, autant que possible, à chaque malade quarante mètres cube d'air.

Dans aucun cas la distance à observer ne peut être moindre d'un mètre entre chaque lit, et de deux mètres entre chaque rangée de lits.

Rechange du linge. — *Art.* 245. Les effets à l'usage des malades sont changés, savoir :

Les draps de lit. . . Les caleçons	tous les dix jours.
Les chemises . . . . Les cravates . . . . Les bonnets de coton. Les chaussettes . . . Les mouchoirs . . . Les serviettes	tous les cinq jours.

Les nappes et les serviettes pour les officiers, aussi souvent que cela est nécessaire.

Propreté. — *Art.* 247....... Les malades sont rasés au moins deux fois par semaine. Les cheveux sont coupés tous les quinze jours.

Sortie des malades. — *Art.* 260. Le concierge ne laisse sortir aucun malade, s'il n'est muni de son billet de sortie ou d'une permission du médecin-chef.

Billets de sortie. — *Art.* 275....... Le jour de la sortie n'appartient pas à l'hôpital.

Remise au sortant des effets et valeurs. — *Art.* 276. Les effets ainsi que les objets et valeurs, propriété particulière du sortant, et déposés par lui lors de son entrée à l'hôpital, lui sont remis après qu'il les a reconnus et en a donné décharge sur le registre des dépôts.

Destination des billets de sortie. — *Art.* 277. Les billets de sortie sont remis, suivant le cas, aux hommes au moment où ils quittent l'hôpital ou au fourrier chargé de venir les recevoir. Dans le cas d'évacuation collective, ils sont mis à l'appui de la feuille d'évacuation.

Aliments pour les sortants. — *Art.* 278. Lorsque le militaire appartient à un corps qui ne fait pas partie de la garnison de la place il reçoit, avant de sortir de l'hôpital, les aliments ordinaires. — *Art.* 283. Les malades sortis par congé de convalescence, ou par envoi sur un dépôt de convalescents, ont également droit aux aliments avant de sortir de l'hôpital. — *Art.* 286. Les militaires sortis par réforme ont droit aussi aux aliments précités.

Cas d'évasion. — *Art.* 287. Lorsqu'un militaire malade s'évade d'un hôpital le comptable fait sur-le-champ son rapport au médecin-chef et donne immédiatement avis au commandant d'armes, au commandant de la gendarmerie et au conseil d'administration du corps auquel le militaire appartient. — *Art.* 288. Dans le cas où l'évadé a emporté des objets appartenant à l'État et faisant partie des effets de l'hôpital ou du corps une expédition du rapport de l'enquête qui devra être faite est adressée au sous-intendant militaire.

Décès. — *Art.* 290. Lorsqu'un militaire traité dans un hôpital exprime la volonté de faire des dispositions testamentaires, le comptable est tenu de lui procurer les moyens d'établir, d'une manière régulière, les actes spécifiés au chapitre II, titre II, livre III du code civil. — *Art.* 291. Dès qu'un décès a lieu dans un hôpital le corps est transporté dans la salle des morts. Le billet de salle est remis au médecin traitant qui certifie le décès, sa date et indique la maladie qui l'a occasionné. Le jour du décès appartient à l'hôpital. — *Art.* 292. Le comptable donne, sans délai, avis du décès à la famille, lorsque le militaire décédé était en activité de service (officier, sous-officier et soldat), ou s'il appartenait au personnel de l'armée de mer, aux corps de la gendarmerie, de la garde républicaine et des sapeurs-pompiers de la ville de Paris. Cet avis est adressé par le télégraphe au maire de la commune où sont domiciliés les parents du militaire décédé. — *Art.* 293. Le comptable adresse, dans les vingt-quatre heures, une déclaration à l'officier de l'état-civil du lieu. La date de l'entrée à l'hôpital et celle du décès y sont inscrites en toutes lettres. Cette déclaration, sur laquelle on doit mentionner le numéro matricule du décédé et la désignation de la maladie ou de la blessure qui a occasionné la mort, est certifiée par le médecin traitant et par le comptable. — *Art.* 294. Si le décédé est mort des suites de blessures reçues sur le champ de bataille ou dans un service commandé, il en est fait mention spéciale sur la déclaration. — *Art.* 295. Lorsqu'il y a indice de mort violente, il en est rendu compte immédiatement au médecin-chef, qui retarde l'inhumation jusqu'à ce que procès-verbal ait été dressé, par l'officier de police judiciaire, conformément à la loi. — *Art.* 298. Aussitôt après la déclaration faite à l'officier de l'état-civil le comptable de l'hôpital inscrit le décès sur un registre coté et paraphé par le médecin-chef. Ce registre doit contenir les mêmes détails que ceux portés dans la déclaration de décès — *Art.* 299. Immédiatement après, il est établi par le comptable deux extraits de ce registre, lesquels sont adressés, le premier au maire du dernier domicile du décédé, ou, si le militaire décédé est né hors de France ou s'il a sa famille à l'étranger, envoyé au ministre de la guerre (direction du service de santé); le second au directeur du service de santé. — *Art.* 303. Les militaires décédés hors des hôpitaux, et transportés à titre de dépôt dans ces établissements, sont inscrits pour mémoire au registre des décès sans qu'il y ait d'autres formalités à remplir. Les frais d'inhumation et de transport sont acquittés par le comptable. — *Art.* 304. Les frais de sépulture des individus décédés dans les hôpitaux sont portés sur la feuille nominale décomptée.

Militaires détenus. — *Art.* 329. La garde des militaires détenus, en traitement dans les hôpitaux, appartient à l'autorité militaire.

Art. 552. *Bains et douches.* Dans les hospices civils les bains et les douches peuvent être donnés, à charge de remboursement, aux officiers non hospitalisés. La commission administrative comprend dans sa facture trimestrielle le montant de la dépense dont elle a fait l'avance. Le tarif de remboursement est réglé par la convention, ou, à défaut, par un article additionnel à la convention.

Art. 553. *Arsenal chirurgical.* Cet arsenal est fourni gratuitement aux hospices mixtes ou militarisés, et renouvelé par les soins de l'administration de la guerre. Le matériel est expédié au médecin-chef des salles militaires qui en demeure responsable. Pendant l'absence des médecins militaires l'arsenal chirurgical est remis, après inventaire, à la commission administrative qui en devient responsable et ne peut en disposer. Quand il est possible de faire sur place les réparations nécessaires le médecin les fait exécuter par les soins de la commission administrative, qui en comprend la dépense dans ses factures trimestrielles; dans le cas contraire, il en réfère au directeur du service de santé.

Art. 557. *Remboursement des dépenses.* Dans le mois qui suit le trimestre expiré la commission administrative adresse au sous-intendant militaire une facture en double expédition, dont une timbrée, des frais de traitement des militaires malades reçus dans l'établissement pendant le trimestre précédent, tant pour les journées de malades, que pour les sorties externes, frais de sépulture, fournitures d'appareils prothétiques, fournitures de bureau du médecin-chef, etc.

Art. 558. *Envoi du journal militaire officiel.* Le journal militaire officiel est envoyé gratuitement à la commission administrative, qui est tenue de faire relier par semestre la partie réglementaire et brocher la partie supplémentaire. La dépense qui résulte de la reliure et du brochage est comprise dans la facture trimestrielle.

Art. 559. *Dispositions spéciales aux hospices civils proprement dits.* Les militaires admis dans les hospices civils proprement dits sont soumis au régime particulier de l'établissement; ils sont soignés par les médecins civils de l'hospice. La commission administrative fournit directement à l'autorité militaire locale ou au directeur du service de santé, selon le cas, les diverses situations ou états qui, dans un hospice militarisé, sont adressés à ces autorités par les soins et sous la responsabilité du médecin-chef.

Art. 561. *Dispositions spéciales aux hospices non situés dans les villes de garnison.* Les dispositions de l'article 559 qui précède sont, en principe, applicables aux hospices non situés dans une ville de garnison. En outre, l'entrée et la sortie de chaque militaire sont signalées au commandant de la brigade de gendarmerie.

Art. 562. *Exécution du service.* En ce qui concerne les frais de traitement et de sépultures, ces frais sont décomptés aux prix stipulés dans les conventions.

Art. 566. *Formalités à remplir pour l'admission dans les établissements d'aliénés.* En principe, toute demande d'admission d'un militaire dans un établissement d'aliénés est établie par le général commandant la subdivision et adressée, dans les départements, au préfet; à Paris, au préfet de police. En cas de danger imminent la demande est adressée au commissaire de police, à Paris, et au maire, dans les autres communes.

CODE CIVIL

EXTRAIT

Art. 55. Les déclarations de naissance seront faites, dans les trois jours de l'accouchement, à l'officier de l'état-civil du lieu ; l'enfant lui sera présenté.

Art. 56. La naissance de l'enfant sera déclarée par le père, ou, à défaut du père, par les docteurs en médecine ou en chirurgie, sages-femmes, officiers de santé ou autres personnes qui auront assisté à l'accouchement ; et lorsque la mère sera accouchée hors de son domicile par la personne chez qui elle aura accouché.

L'acte de naissance sera rédigé de suite, en présence de deux témoins.

Art. 57. L'acte de naissance énoncera le jour, l'heure et le lieu de la naissance, le sexe de l'enfant, et les prénoms qui lui seront donnés, les prénoms, noms, profession et domicile des père et mère, et ceux des témoins.

Art. 58. Toute personne qui aura trouvé un enfant nouveau-né, sera tenue de le remettre à l'officier de l'état-civil, ainsi que les vêtements et autres effets trouvés avec l'enfant, et de déclarer toutes les circonstances du temps et du lieu où il a été trouvé.

Il en sera dressé un procès-verbal détaillé, qui énoncera en outre l'âge apparent de l'enfant, son sexe, les noms qui lui seront donnés, l'autorité civile à laquelle il sera remis. Ce procès-verbal sera inscrit sur les registres (1).

Art. 80. En cas de décès dans les hôpitaux militaires, civils ou autres maisons publiques, les supérieurs, directeurs, administrateurs et maîtres de ces maisons seront tenus d'en donner avis, dans les vingt-quatre heures, à l'officier de l'état-civil, qui s'y transportera pour s'assurer du décès et en dressera l'acte, conformément à l'article précédent, sur les déclarations qui lui auront été faites, et sur les renseignements qu'il aura pris.

Il sera tenu, en outre, dans lesdits hôpitaux et maisons, des registres destinés à inscrire ces déclarations et ces renseignements.

L'officier de l'état-civil enverra l'acte de décès à celui du dernier domicile de la personne décédée, qui l'inscrira sur les registres.

(1) Voir décret du 19 janvier 1811.

Art. 205. Les enfants doivent des aliments à leurs père et mère et autres scendants qui sont dans le besoin.

Art. 206. Les gendres et belles-filles doivent également, et dans les mêmes circonstances, des aliments à leurs beau-père et belle-mère ; mais cette obligation cesse : 1° lorsque la belle-mère a convolé en secondes noces; 2° lorsque celui des époux qui produisait l'affinité, et les enfants issus de son union avec l'autre époux, sont décédés.

Art. 207. Les obligations résultant de ces dispositions sont réciproques.

Art. 208. Les aliments ne sont accordés que dans la proportion du besoin de celui qui les réclame et de la fortune de celui qui les doit.

Art. 375. Le père qui aura des sujets de mécontentement très graves sur la conduite d'un enfant aura les moyens de correction suivants :

Art. 376. Si l'enfant est âgé de moins de seize ans commencés, le père pourra le faire détenir pendant un temps qui ne pourra excéder un mois ; et, à cet effet, le président du tribunal d'arrondissement devra, sur sa demande, délivrer l'ordre d'arrestation.

Art. 377. Depuis l'âge de seize ans commencés, jusqu'à la majorité ou l'émancipation, le père pourra seulement requérir la détention de son enfant pendant six mois au plus ; il s'adressera au président dudit tribunal, qui, après en avoir conféré avec le procureur de la République, délivrera l'ordre d'arrestation ou le refusera, et pourra, dans le premier cas, abréger le temps de la détention requis par le père.

Art. 468. Le tuteur qui aura des sujets de mécontentement graves sur la conduite du mineur, pourra porter ses plaintes à un conseil de famille, et, s'il y est autorisé par ce conseil, provoquer la réclusion du mineur, conformément à ce qui est statué à ce sujet au titre de la puissance paternelle.

Art. 910. Les dispositions entre-vifs ou par testament, au profit des hospices, des pauvres d'une commune, ou d'établissements d'utilité publique, n'auront leur effet qu'autant qu'elles seront autorisées par décret (1).

Art. 913. Les libéralités, soit par actes entre-vifs, soit par testament, ne pourront excéder la moitié des biens du disposant, s'il ne laisse à son décès qu'un enfant légitime ; le tiers, s'il laisse deux enfants ; le quart, s'il en laisse trois ou un plus grand nombre.

Art. 914. Sont compris dans l'article précédent, sous le nom d'enfants, les descendants en quelque degré que ce soit ; néanmoins, ils ne sont comptés que pour l'enfant qu'ils représentent dans la succession du disposant.

Art. 915. Les libéralités, par actes entre-vifs ou par testament, ne pourront excéder la moitié des biens, si, à défaut d'enfant, le défunt laisse un ou plusieurs ascendants dans chacune des lignes paternelle et maternelle ; et les trois quarts, s'il ne laisse d'ascendants que dans une ligne.

Art. 916. A défaut d'ascendants et de descendants les libéralités par actes entre-vifs ou testamentaires pourront épuiser la totalité des biens.

(1) Voir Arrêté du 4 pluviôse an XII et Décret du 25 mars 1852.

Art. 920. Les dispositions, soit entre-vifs, soit à cause de mort, qui excéderont la quotité disponible, seront réductibles à cette quotité lors de l'ouverture de la succession.

Art. 931. Tous actes portant donation entre-vifs seront passés devant notaire, dans la forme ordinaire des contrats; et il en restera minute, sous peine de nullité.

Art. 932. La donation entre-vifs n'engagera le donateur, et ne produira aucun effet, que du jour qu'elle aura été acceptée en termes exprès.

L'acceptation pourra en être faite du vivant du donateur, par un acte postérieur et authentique, dont il restera minute ; mais alors la donation n'aura d'effet, à l'égard du donateur, que du jour où l'acte qui constatera cette acceptation lui aura été notifié.

Art. 937. Les donations faites au profit d'hospices, des pauvres d'une commune, ou d'établissements d'utilité publique, seront acceptées par les administrateurs de ces communes ou établissements, après y avoir été dûment autorisés.

Art. 1596. Ne peuvent se rendre adjudicataires, sous peine de nullité, ni par eux-mêmes, ni par personnes interposées :

Les tuteurs, des biens de ceux dont ils ont la tutelle ;

Les mandataires, des biens qu'ils sont chargés de vendre ;

Les administrateurs, de ceux des communes ou des établissements publics confiés à leurs soins ;

Les officiers publics, des biens nationaux dont les ventes se font par leur ministère.

Art. 1712. Les baux des biens nationaux, des biens des communes et des établissements publics, sont soumis à des règlements particuliers (1).

Art. 2121. Les droits et créances auxquels l'hypothèque légale est attribuée. sont.......................... ceux de l'État, des communes et des établissements publics, sur les biens des receveurs et administrateurs comptables.

Art. 2154. Les inscriptions conservent l'hypothèque et le privilège, pendant dix années, à compter du jour de leur date ; leur effet cesse, si ces inscriptions n'ont été renouvelées avant l'expiration de ce délai.

Art. 2277. Les loyers des maisons, et le prix de ferme des biens ruraux,.... se prescrivent par cinq ans.

(1) Voir Décret du 12 août 1807 et Loi du 25 mai 1835.

FIN DU CODE CIVIL.

CODE FORESTIER

EXTRAIT

TITRE PREMIER

Article premier. Sont soumis au régime forestier, et seront administrés conformément aux dispositions de la présente loi :

1° Les bois et forêts qui font partie du domaine de l'État ;

2° Ceux qui font partie du domaine de la couronne ;

3° Ceux qui sont possédés à titre d'apanage et de majorats reversibles à l'État ;

4° Les bois et forêts des communes et des sections de communes ;

5° Ceux des établissements publics ;

6° Les bois et forêts dans lesquels l'État, la couronne, les communes ou les établissements publics ont des droits de propriétés indivis avec des particuliers.

TITRE II

Art. 5. Les agents et préposés de l'administration forestière ne pourront entrer en fonction qu'après avoir prêté serment devant le tribunal de première instance de leur résidence, et avoir fait enregistrer leur commission et l'acte de prestation de leur serment au greffe des tribunaux dans le ressort desquels ils devront exercer leurs fonctions.

Dans le cas d'un changement de résidence qui les placerait dans un autre ressort, en la même qualité, il n'y aura pas lieu à une autre prestation de serment.

Art. 6. Les gardes sont responsables des délits, dégâts, abus et abroutissements qui ont lieu dans leurs triages, et passibles des amendes et indemnités encourues par les délinquants, lorsqu'ils n'ont pas dûment constaté les délits.

TITRE III

SECTION PREMIÈRE

De la délimitation et du bornage.

Art. 8. La séparation entre les bois et forêts de l'État et les propriétés riveraines pourra être requise, soit par l'administration forestière, soit par les propriétaires riverains.

Art. 9. L'action en séparation sera intentée, soit par l'État, soit par les propriétaires riverains, dans les formes ordinaires.

Toutefois, il sera sursis à statuer sur les actions partielles, si l'administration forestière offre d'y faire droit dans le délai de six mois, en procédant à la délimitation générale de la forêt.

Art. 10. Lorsqu'il y aura lieu d'opérer la délimitation générale et le bornage d'une forêt de l'État, cette opération sera annoncée deux mois d'avance par arrêté du préfet, qui sera publié et affiché dans les communes limitrophes, et signifié au domicile des propriétaires riverains ou à celui de leurs fermiers, gardes ou agents.

Après ce délai, les agents de l'administration forestière procéderont à la délimitation en présence ou en l'absence des propriétaires riverains.

Art. 11. Le procès-verbal de la délimitation sera immédiatement déposé au secrétariat de la préfecture, et par extrait, au secrétariat de la sous-préfecture, en ce qui concerne chaque arrondissement. Il en sera donné avis par un arrêté du préfet, publié et affiché dans les communes limitrophes. Les intéressés pourront en prendre connaissance, et former leur opposition dans le délai d'une année à dater du jour où l'arrêté aura été publié.

Dans le même délai, le gouvernement déclarera s'il approuve ou s'il refuse d'homologuer ce procès-verbal en tout ou en partie.

Sa déclaration sera rendue publique de la même manière que le procès-verbal de délimitation.

Art. 12. Si, à l'expiration de ce délai, il n'a été élevé aucune réclamation par les propriétaires riverains contre le procès-verbal de délimitation, et si le gouvernement n'a pas déclaré son refus d'homologuer, l'opération sera définitive.

Les agents de l'administration forestière procéderont, dans le mois suivant, au bornage, en présence des parties intéressées, où elles seront dûment appelées par un arrêté du préfet, ainsi qu'il est prescrit par l'article 10.

Art. 13. En cas de contestations élevées, soit pendant les opérations, soit par suite d'oppositions formées par les riverains en vertu de l'article 11, elles seront portées par les parties intéressées devant les tribunaux compétents, et il sera sursis à l'abornement jusqu'après leur décision.

Il y aura également lieu au recours devant les tribunaux de la part des propriétaires riverains, si, dans le cas prévu par l'article 12, les agents forestiers se refusaient à procéder au bornage.

Art. 14. Lorsque la séparation ou délimitation sera effectuée par un simple bornage, elle sera faite à frais communs.

Lorsqu'elle sera effectuée par des fossés de clôture, ils seront exécutés aux frais de la partie requérante, et pris en entier sur son terrain.

SECTION 2

De l'aménagement.

Art. 15. Tous les bois et forêts du domaine de l'État sont assujettis à un aménagement réglé par des décrets impériaux.

Art. 16. Il ne pourra être fait dans les bois de l'État aucune coupe extraordinaire quelconque, ni aucune coupe de quarts en réserve ou de massifs réservés par l'aménagement pour croître en futaie, sans un décret spécial, à peine de nullité des ventes, sauf le recours des adjudicataires, s'il y a lieu, contre les fonctionnaires ou agents qui auraient ordonné ou autorisé ces coupes.

Ce décret spécial sera inséré au bulletin des lois.

SECTION 3

Des adjudications des coupes.

Art. 17. Aucune vente ordinaire ou extraordinaire ne pourra avoir lieu dans les bois de l'État que par voie d'adjudication publique, laquelle devra être annoncée, au moins quinze jours d'avance, par des affiches apposées dans le chef-lieu du département, dans le lieu de la vente, dans la commune de la situation des bois, et dans les communes environnantes.

Art. 18. Toute vente faite autrement que par adjudication publique sera considérée comme vente clandestine, et déclarée nulle. Les fonctionnaires et agents qui auraient ordonné ou effectué la vente seront condamnés solidairement à une amende de trois mille francs au moins et de six mille francs au plus, et l'acquéreur sera puni d'une amende égale à la valeur des bois vendus.

Art. 19. Sera de même annulée, quoique faite par adjudication publique, toute vente qui n'aura point été précédée des publications et affiches prescrites par l'article 17, ou qui aura été effectuée dans d'autres lieux ou à un autre jour que ceux qui auront été indiqués par les affiches ou les procès-verbaux de remise de vente.

Les fonctionnaires ou agents qui auraient contrevenu à ces dispositions seront condamnés solidairement à une amende de mille à trois mille francs ; et une amende pareille sera prononcée contre les adjudicataires, en cas de complicité.

Art. 20. Toutes les contestations qui pourront s'élever pendant les opérations d'adjudication, soit sur la validité desdites opérations, soit sur la solvabilité de ceux qui auront fait des offres et de leurs cautions seront décidées immédiatement par le fonctionnaire qui présidera la séance d'adjudication.

Art. 21. Ne pourront prendre part aux ventes, ni par eux-mêmes, ni par personnes interposées, directement ou indirectement, soit comme parties principales, soit comme associés ou cautions :

1° Les agents et gardes forestiers et les agents forestiers de la marine, dans toute l'étendue de l'empire ; les fonctionnaires chargés de présider ou de concourir aux ventes, et les receveurs du produit des coupes, dans toute l'étendue du territoire où ils exercent leurs fonctions;

En cas de contravention, ils seront punis d'une amende qui ne pourra excéder le quart ni être moindre du douzième du montant de l'adjudication, et ils seront en outre passibles de l'emprisonnement et de l'interdiction qui sont prononcés par l'article 175 du Code pénal ;

2° Les parents et alliés en ligne directe, les frères et beaux-frères, oncles et neveux des agents et gardes forestiers et des agents forestiers de la marine, dans toute l'étendue du territoire pour lequel ces agents ou gardes sont commissionnés ;

En cas de contravention, ils seront punis d'une amende égale à celle qui est prononcée par le paragraphe précédent;

3° Les conseillers de préfecture, les juges, officiers du ministère public et greffiers des tribunaux de première instance, dans tout l'arrondissement de leur ressort;

En cas de contravention, ils seront passibles de tous dommages-intérêts, s'il y a lieu;

Toute adjudication qui sera faite en contravention aux dispositions du présent article sera déclarée nulle.

Art. 22. Toute association secrète ou manœuvre entre les marchands de bois ou autres, tendant à nuire aux enchères, à les troubler ou à obtenir les bois à plus bas prix, donnera lieu à l'application des peines portées par l'article 412 du Code pénal, indépendamment de tous dommages-intérêts; et si l'adjudication a été faite au profit de l'association secrète ou des auteurs desdites manœuvres, elle sera déclarée nulle.

Art. 23. Aucune déclaration de commande ne sera admise, si elle n'est faite immédiatement après l'adjudication et séance tenante.

Art. 24. Faute par l'adjudicataire de fournir les cautions exigées par le cahier des charges, dans le délai prescrit, il sera déclaré déchu de l'adjudication par un arrêté du préfet, et il sera procédé, dans les formes ci-dessus prescrites, à une nouvelle adjudication de la coupe à sa folle enchère.

L'adjudicataire déchu sera tenu, par corps, de la différence entre son prix et celui de la revente, sans pouvoir réclamer l'excédent, s'il y en a.

Art. 25. Toute adjudication sera définitive du moment où elle sera prononcée sans que, dans aucun cas, il puisse y avoir lieu à surenchère.

Art. 26. Les divers modes d'adjudication seront déterminés par un décret : ces adjudications auront toujours lieu avec publicité et libre concurrence.

Art. 27. Les adjudicataires sont tenus, au moment de l'adjudication, d'élire domicile dans le lieu où l'adjudication aura été faite, à défaut de quoi, tous les actes postérieurs leur seront valablement signifiés au secrétariat de la sous-préfecture.

Art. 28. Tout procès-verbal d'adjudication emporte exécution parée et contrainte par corps contre les adjudicataires, leurs associés et cautions, tant pour le paiement du prix principal de l'adjudication que pour accessoires et frais.

Les cautions sont en outre contraignables solidairement, et par les mêmes voies, au paiement des dommages, restitutions et amendes qu'aurait encourus l'adjudicataire.

SECTION 4

Des exploitations.

Art. 29. Après l'adjudication il ne pourra être fait aucun changement à l'assiette des coupes, et il n'y sera ajouté aucun arbre ou portion de bois, sous quelque prétexte que ce soit, à peine, contre l'adjudicataire, d'une amende égale au triple de la valeur des bois non compris dans l'adjudication, et sans préjudice de la restitution de ces mêmes bois ou de leur valeur.

Si les bois sont de meilleure nature ou qualité, ou plus âgés que ceux de la vente, il paiera l'amende comme bois coupé en délit, et une somme double à titre de dommages-intérêts.

Les agents forestiers qui auraient permis ou toléré ces additions ou changements seront punis de pareille amende, sauf l'application, s'il y a lieu, de l'article 207 de la présente loi.

Art. 30. Les adjudicataires ne pourront commencer l'exploitation de leurs coupes, avant d'avoir obtenu, par écrit, de l'agent forestier local, le permis d'exploiter, à peine d'être poursuivis comme délinquants pour les bois qu'ils auraient coupés.

Art. 31. Chaque adjudicataire sera tenu d'avoir un facteur ou garde-vente, qui sera agréé par l'agent forestier local et assermenté devant le juge de paix.

Ce garde-vente sera autorisé à dresser des procès-verbaux, tant dans la vente qu'à l'ouïe de la cognée. Ses procès-verbaux seront soumis aux mêmes formalités que ceux des gardes forestiers et feront foi jusqu'à preuve du contraire.

L'espace appelé l'ouïe de la cognée est fixé à la distance de deux cent cinquante mètres, à partir des limites de la coupe.

Art. 32. Tout adjudicataire sera tenu, sous peine de cent francs d'amende, de déposer chez l'agent forestier local et au greffe du tribunal de l'arrondissement l'empreinte du marteau destiné à marquer les arbres et bois de sa vente.

L'adjudicataire et ses associés ne pourront avoir plus d'un marteau pour la même vente, ni en marquer d'autres bois que ceux qui proviendront de cette vente, sous peine de cinq cents francs d'amende.

Art. 33. L'adjudicataire sera tenu de respecter tous les arbres marqués ou désignés pour demeurer en réserve, quelle que soit leur qualification, lors même que le nombre en excéderait celui qui est porté au procès-verbal de martelage, et sans que l'on puisse admettre en compensation d'arbres coupés en contravention d'autres arbres non réservés que l'adjudicataire aurait laissé sur pied.

Art. 34. Les amendes encourues par les adjudicataires, en vertu de l'article précédent, pour abatage ou déficit d'arbres réservés, seront du tiers en sus de celles qui sont déterminées par l'article 192, toutes les fois que l'essence et la circonférence des arbres pourront être constatées.

Si, à raison de l'enlèvement des arbres et de leurs souches, ou de toute autre circonstance, il y a impossibilité de constater l'essence et la dimension des arbres, l'amende ne pourra être moins de cinquante francs ni excéder deux cents francs.

Dans tous les cas, il y aura lieu à la restitution des arbres, ou, s'ils ne peuvent être représentés, de leur valeur, qui sera estimée à une somme égale à l'amende encourue.

Sans préjudice des dommages-intérêts.

Art. 35. Les adjudicataires ne pourront effectuer aucune coupe ni enlèvement de bois avant le lever ni après le coucher du soleil, à peine de cent francs d'amende.

Art. 36. Il leur est interdit, à moins que le procès-verbal d'adjudication n'en contienne l'autorisation expresse, de peler ou d'écorcer sur pied aucun des bois de leurs ventes, sous peine de cinquante à cinq cents francs d'amende; et il y aura lieu à la saisie des écorces et bois écorcés, comme garantie des dommages-intérêts dont le montant ne pourra être inférieur à la valeur des arbres indûment pelés ou écorcés.

Art. 37. Toute contravention aux clauses et conditions du cahier des charges, relativement au mode d'abatage des arbres et au nettoiement des coupes sera punie d'une amende qui ne pourra être moindre de cinquante francs ni excéder cinq cents francs, sans préjudice des dommages-intérêts.

Art. 38. Les agents forestiers indiqueront, par écrit, aux adjudicataires, les lieux où il pourra être établi des fosses ou fourneaux pour charbon, des loges ou des ateliers ; il n'en pourra être placé ailleurs, sous peine, contre l'adjudicataire, d'une amende de cinquante francs pour chaque fosse ou fourneau, loge ou atelier établi en contravention à cette disposition.

Art. 39. La traite des bois se fera par les chemins désignés au cahier des charges, sous peine, contre ceux qui en pratiqueraient de nouveau, d'une amende dont le minimum sera de cinquante francs et le maximum de deux cents francs, outre les dommages-intérêts.

Art. 40. La coupe des bois et la vidange des ventes seront faites dans les délais fixés par le cahier des charges, à moins que les adjudicataires n'aient obtenu de l'administration forestière une prorogation de délai, à peine d'une amende de cinquante à cinq cents francs, et, en outre, des dommages-intérêts, dont le montant ne pourra être inférieur à la valeur estimative des bois restés sur pied ou gisants sur les coupes.

Il y aura lieu à la saisie de ces bois, à titre de garantie pour les dommages-intérêts.

Art. 41. A défaut, par les adjudicataires, d'exécuter, dans les délais fixés par le cahier des charges, les travaux que ce cahier leur impose, tant pour relever et faire façonner les ramiers et pour nettoyer les coupes des épines, ronces et arbustes nuisibles, selon le mode prescrit à cet effet, que pour les réparations des chemins de vidange, fossés, repiquements de places à charbons et autres ouvrages à leur charge, ces travaux seront exécutés à leurs frais, à la diligence des agents forestiers, et sur l'autorisation du préfet, qui arrêtera ensuite le mémoire des frais et le rendra exécutoire contre les adjudicataires pour le paiement.

Art. 42. Il est défendu à tous adjudicataires, leurs facteurs et ouvriers, d'allumer du feu ailleurs que dans leurs loges ou ateliers, à peine d'une amende de dix à cent francs, sans préjudice de la réparation du dommage qui pourrait résulter de cette contravention.

Art. 43. Les adjudicataires ne pourront déposer dans leurs ventes d'autres bois que ceux qui en proviendront sous peine d'une amende de cent à mille francs.

Art. 44. Si, dans le cours de l'exploitation ou de la vidange, il était dressé des procès-verbaux de délits ou vices d'exploitation, il pourra y être donné suite sans attendre l'époque du récolement.

Néanmoins, en cas d'insuffisance d'un premier procès-verbal sur lequel il ne sera pas intervenu de jugement, les agents forestiers pourront, lors du récolement, constater par un nouveau procès-verbal les délits et contraventions.

Art. 45. Les adjudicataires, à dater du permis d'exploiter et jusqu'à ce qu'ils aient obtenu leur décharge, sont responsables de tout délit forestier commis dans leurs ventes et à l'ouïe de la cognée, si leurs facteurs ou garde-ventes n'en font leurs rapports, lesquels doivent être remis à l'agent forestier dans le délai de cinq jours.

Art. 46. Les adjudicataires et leurs cautions seront responsables et contraignables par corps au paiement des amendes et restitutions encourues pour délits et contraventions commis, soit dans la vente, soit à l'ouïe de la cognée, par les facteurs, garde-ventes, ouvriers, bûcherons, voituriers et tous autres employés par les adjudicataires.

SECTION 5

Des réarpentages et récolements.

Art. 47. Il sera procédé au réarpentage et au récolement de chaque vente dans les trois mois qui suivront le jour de l'expiration des délais accordés pour la vidange des coupes.

Ces trois mois écoulés les adjudicataires pourront mettre en demeure l'administration, par acte extrajudiciaire signifié à l'agent forestier local; et si, dans le mois après la signification de cet acte, l'administration n'a pas procédé au réarpentage et au récolement l'adjudicataire demeurera libéré.

Art. 48. L'adjudicataire ou son cessionnaire sera tenu d'assister au récolement; et il lui sera, à cet effet, signifié, au moins dix jours d'avance, un acte contenant l'indication des jours où se feront le réarpentage et le récolement: faute par lui de se trouver sur les lieux ou de s'y faire représenter, les procès-verbaux de réarpentage et de récolement seront réputés contradictoires.

Art. 49. Les adjudicataires auront le droit d'appeler un arpenteur de leur choix pour assister aux opérations du réarpentage: à défaut par eux d'user de ce droit, les procès-verbaux de réarpentage n'en seront pas moins réputés contradictoires.

Art. 50. Dans le délai d'un mois après la clôture des opérations l'administration et l'adjudicataire pourront requérir l'annulation du procès-verbal pour défaut de forme ou pour fausse énonciation.

Ils se pourvoiront, à cet effet, devant le conseil de préfecture, qui statuera.

En cas d'annulation du procès-verbal l'administration pourra, dans le mois qui suivra, y faire suppléer par un nouveau procès-verbal.

Art. 51. A l'expiration des délais fixés par l'article 50, et si l'administration n'a élevé aucune contestation, le préfet délivrera à l'adjudicataire la décharge d'exploitation.

Art. 52. Les arpenteurs seront passibles de tous dommages-intérêts par suite des erreurs qu'ils auront commises, lorsqu'il en résultera une différence d'un vingtième de l'étendue de la coupe;

Sans préjudice de l'application, s'il y a lieu, des dispositions de l'article 207.

SECTION 6

Des adjudications de glandée, panage et paisson.

Art. 53. Les formalités prescrites par la section III du présent titre, pour les adjudications des coupes de bois, seront observées pour les adjudications de glandée, panage et paisson.

Toutefois, dans les cas prévus par les articles 18 et 19, l'amende infligée aux fonctionnaires et agents sera de cent francs au moins et de mille francs au plus, et celle qui aura été encourue par l'acquéreur sera égale au montant du prix de la vente.

Art. 54. Les adjudicataires ne pourront introduire dans les forêts un plus grand nombre de porcs que celui qui sera déterminé par l'acte d'adjudication, sous peine d'une amende double de celle qui est prononcée par l'article 199.

Art. 55. Les adjudicataires seront tenus de faire marquer les porcs d'un fer chaud, sous peine d'une amende de trois francs par chaque porc qui ne serait pas marqué.

Ils devront déposer l'empreinte de cette marque au greffe du tribunal, et le fer servant à la marque au bureau de l'agent forestier local, sous peine de cinquante francs d'amende.

Art. 56. Si les porcs sont trouvés hors des cantons désignés par l'acte d'adjudication, ou des chemins indiqués pour s'y rendre, il y aura lieu, contre l'adjudicataire, aux peines prononcées par l'article 199.

En cas de récidive, outre l'amende encourue par l'adjudicataire, le pâtre sera condamné à un emprisonnement de cinq à quinze jours.

Art. 57. Il est défendu aux adjudicataires d'abattre, de ramasser ou d'emporter des glands, faînes ou autres fruits, semences ou productions des forêts, sous peine d'une amende double de celle qui est prononcée par l'article 144.

Il pourra, en outre, être prononcé un emprisonnement de trois jours au plus.

SECTION 8

Des droits d'usage dans les bois de l'État.

Art. 62. Il ne sera plus fait, à l'avenir, dans les forêts de l'État, aucune concession de droits d'usage, de quelque nature et sous quelque prétexte que ce puisse être.

Art. 63. Le gouvernement pourra affranchir les forêts de l'État de tout droit d'usage en bois, moyennant un cantonnement qui sera réglé de gré à gré, et, en cas de contestation, par les tribunaux. — L'action en affranchissement d'usage par voie de cantonnement n'appartiendra qu'au gouvernement, et non aux usagers.

Art. 64. Quant aux autres droits d'usage quelconques et aux pâturage, panage et glandée dans les mêmes forêts, ils ne pourront être convertis en cantonnement ; mais ils pourront être rachetés moyennant des indemnités qui seront réglées de gré à gré, ou, en cas de contestation, par les tribunaux. — Néanmoins le rachat ne pourra être requis par l'administration dans les lieux où l'exercice du droit de pâturage est devenu d'une absolue nécessité pour les habitants d'une ou de plusieurs communes. Si cette nécessité est contestée par l'administration forestière, les parties se pourvoiront devant le conseil de préfecture, qui, après une enquête de *commodo* et *incommodo*, statuera, sauf le recours au conseil d'État.

Art. 65. Dans toutes les forêts de l'État qui ne seront point affranchies au moyen du cantonnement ou de l'indemnité, conformément aux articles 63 et 64 ci-dessus, l'exercice des droits d'usage pourra toujours être réduit par l'administration, suivant l'état de la possibilité des forêts, et n'aura lieu que conformément aux dispositions contenues aux articles suivants. — En cas de contestation sur la possibilité et l'état des fôrets, il y aura lieu à recours au conseil de préfecture.

Art. 66. La durée de la glandée et du panage ne pourra excéder trois mois. — L'époque de l'ouverture en sera fixée chaque année par l'administration forestière.

Art. 67. Quels que soient l'âge ou l'essence des bois les usagers ne pourront exercer leurs droits de pâturage et de panage que dans les cantons qui auront été déclarés défensables par l'administration forestière, sauf le recours au conseil de préfecture, et ce, nonosbtant toutes possessions contraires.

Art. 68. L'administration forestière fixera, d'après les droits des usagers, le nombre des porcs qui pourront être mis en panage et des bestiaux qui pourront être admis au pâturage.

Art. 69. Chaque année, avant le 1er mars pour le pâturage, et un mois avant l'époque fixée par l'administration forestière pour l'ouverture de la glandée et du panage, les agents forestiers feront connaître aux communes et aux particuliers jouissant des droits d'usage les cantons déclarés défensables, et le nombre des bestiaux qui seront admis au pâturage et au panage. — Les maires seront tenus d'en faire la publication dans les communes usagères.

Art. 70. Les usagers ne pourront jouir de leurs droits de pâturage et de panage que pour les bestiaux à leur propre usage, et non pour ceux dont ils font commerce, à peine d'une amende double de celle qui est prononcée par l'article 199.

Art. 71. Les chemins par lesquels les bestiaux devront passer pour aller au pâturage ou au panage et en revenir seront désignés par les agents forestiers. — Si ces chemins traversent des taillis ou des recrus de futaies non défensables, il pourra être fait, à frais communs, entre les usagers et l'administration, et d'après l'indication des agents forestiers, des fossés suffisamment larges et profonds, ou toute autre clôture, pour empêcher les bestiaux de s'introduire dans les bois.

Art. 72. Le troupeau de chaque commune ou section de commune devra être conduit par un ou plusieurs pâtres communs, choisis par l'autorité municipale : en conséquence, les habitants des communes usagères ne pourront ni conduire eux-mêmes, ni faire conduire leurs bestiaux à garde séparée, sous peine de deux francs d'amende par tête de bétail. — Les porcs ou bestiaux de chaque commune ou section de commune usagère formeront un troupeau particulier et sans mélange de bestiaux d'une autre commune ou section, sous peine d'une amende de cinq à dix francs contre le pâtre, et d'un emprisonnement de cinq à dix jours en cas de récidive. — Les communes et sections de communes seront responsables des condamnations pécuniaires qui pourront être prononcées contre lesdits pâtres ou gardiens, tant pour les délits et contraventions prévus par le présent titre, que pour tous autres délits forestiers commis par eux pendant le temps de leur service et dans les limites du parcours.

Art. 75. Les usagers mettront des clochettes au cou de tous les animaux admis au pâturage, sous peine de deux francs d'amende par chaque bête qui serait trouvée sans clochette dans les forêts.

Art. 76. Lorsque les porcs et les bestiaux des usagers seront trouvés hors des cantons déclarés défensables ou désignés pour le panage, ou hors des chemins indiqués pour s'y rendre, il y aura lieu contre le pâtre à une amende de trois à trente francs. En cas de récidive, le pâtre pourra être condamné en outre à un emprisonnement de cinq à quinze jours.

Art. 77. Si les usagers introduisent au pâturage un plus grand nombre de bestiaux ou au panage un plus grand nombre de porcs que celui qui aura été fixé par l'administration, conformément à l'article 68, il y aura lieu, pour l'excédent, à l'application des peines prononcées par l'article 199.

Art. 78. Il est défendu à tous les usagers, nonobstant tous titres et possessions contraires, de conduire ou faire conduire des chèvres, brebis ou moutons dans les forêts ou sur les terrains qui en dépendent, à peine, contre les propriétaires, d'une amende qui sera double de celle qui est prononcée par l'article 199, et contre les pâtres ou bergers, de quinze francs d'amende. En cas de récidive, le pâtre sera condamné, outre l'amende, à un emprisonnement de cinq à quinze jours. — Ceux qui prétendraient avoir joui du pacage ci-dessus en vertu de titres valables ou d'une possession équivalente à titre, pourront, s'il y a lieu, réclamer une indemnité qui sera réglée de gré à gré, ou en cas de contestation, par les tribunaux.

Le pacage des moutons pourra néanmoins être autorisé dans certaines localités par des décrets.

Art. 79. Les usagers qui ont droit à des livraisons de bois, de quelque nature que ce soit, ne pourront prendre ces bois qu'après que la délivrance leur en aura été faite par les agents forestiers, sous les peines portées par le titre XII pour les bois coupés en délit.

Art. 80. Ceux qui n'ont d'autre droit que celui de prendre le bois mort, sec et gisant, ne pourront, pour l'exercice de ce droit, se servir de crochets ou ferrements d'aucune espèce, sous peine de trois francs d'amende.

Art. 81. Si les bois de chauffage se délivrent par coupe l'exploitation en sera faite, aux frais des usagers, par un entrepreneur spécial nommé par eux et agréé par l'administration forestière. — Aucun bois ne sera partagé sur pied ni abattu par les usagers individuellement, et les lots ne pourront être faits qu'après l'entière exploitation de la coupe, à peine de confiscation de la portion de bois abattu afférente à chacun des contrevenants. — Les fonctionnaires ou agents qui auraient permis ou toléré la contravention seront passibles d'une amende de cinquante francs, et demeureront en outre personnellement responsables, et sans aucun recours, de la mauvaise exploitation et de tous les délits qui pourraient avoir été commis.

Art. 82. Les entrepreneurs de l'exploitation des coupes délivrées aux usagers se conformeront à tout ce qui est prescrit aux adjudicataires pour l'usance et la vidange des ventes; ils seront soumis à la même responsabilité et passibles des mêmes peines en cas de délits ou contraventions. — Les usagers ou communes usagères seront garants solidaires des condamnations prononcées contre lesdits entrepreneurs.

Art. 85. Les défenses prononcées par l'article 57 sont applicables à tous usagers quelconques, et sous les mêmes peines.

TITRE VI

Des bois des communes et des établissements publics.

Art. 90. Sont soumis au régime forestier, d'après l'article 1er de la présente loi, les bois taillis ou futaies appartenant aux communes et aux établissements publics, qui auront été reconnus susceptibles d'aménagement ou d'une exploitation régulière par l'autorité administrative, sur la proposition de l'administration forestière, et d'après l'avis des conseils municipaux ou des administrateurs des établissements publics. Il sera procédé dans les mêmes formes à tout changement qui pourrait être demandé, soit de l'aménagement, soit du mode d'exploitation. — En conséquence, toutes les dispositions des six premières sections du titre III leur sont applicables, sauf les modifications et exceptions portées au présent titre. — Lorsqu'il s'agira de la conversion en bois de l'aménagement de terrains en pâturage la proposition de l'administration forestière sera communiquée au maire ou aux administrateurs des établissements publics. Le conseil municipal ou ses administrateurs seront appelés à en délibérer : en cas de contestation, il sera statué par le conseil de préfecture, sauf le pourvoi au conseil d'État.

Art. 91. Les communes et établissements publics ne peuvent faire aucun défrichement de leurs bois sans une autorisation expresse et spéciale du gouvernement; ceux qui l'auraient ordonné ou effectué sans cette autorisation seront passibles des peines portées au titre XV contre les particuliers pour les contraventions de même nature.

Art. 92. La propriété des bois communaux ne peut jamais donner lieu à partage entre les habitants. — Mais lorsque deux ou plusieurs communes possèdent un bois par indivis, chacune conserve le droit d'en provoquer le partage.

Art. 93. Un quart des bois appartenant aux communes et aux établissements publics sera toujours mis en réserve, lorsque ces communes ou établissements posséderont au moins dix hectares de bois réunis ou divisés. — Cette disposition n'est pas applicable aux bois peuplés totalement en arbres résineux.

Art. 94. Les communes et établissements publics entretiendront, pour la conservation de leurs bois, le nombre de gardes particuliers qui sera déterminé par le maire et les administrateurs des établissements, sauf l'approbation du préfet, sur l'avis de l'administration forestière.

Art. 95. Le choix de ces gardes sera fait, pour les établissements publics, par les administrateurs de ces établissements (1).

Art. 96. (2).

Art. 97. Si l'administration forestière et les communes ou établissements publics jugent convenable de confier à un même individu la garde d'un canton de bois appartenant à des communes ou établissements publics, et d'un canton de bois de l'État, la nomination du garde appartient à cette administration seule. Son salaire sera payé proportionnellement par chacune des parties intéressées.

Art. 98. L'administration forestière peut suspendre de leurs fonctions les gardes des bois des communes et des établissements publics : s'il y a lieu à destitution, le préfet la prononcera, après avoir pris l'avis du conseil muni-

(1) Cet article a été abrogé par le décret du 25 mars 1852, art. 5, paragraphe 20, qui porte dans les attributions du préfet la nomination des gardes forestiers.

(2) Voir le renvoi nº 1 ci-dessus.

cipal ou des administrateurs des établissements propriétaires, ainsi que de l'administration forestière. — Le salaire de ces gardes est réglé par le préfet, sur la proposition du conseil municipal ou des établissements propriétaires.

ART. 99. Les gardes des bois des communes et des établissements publics sont en tout assimilés aux gardes des bois de l'État, et soumis à l'autorité des mêmes agents ; ils prêtent serment dans les mêmes formes, et leurs procès-verbaux font également foi en justice pour constater les délits et contraventions commis même dans des bois soumis au régime forestier autres que ceux dont la garde leur est confiée.

ART. 100. Les ventes de coupes, tant ordinaires qu'extraordinaires, seront faites à la diligence des agents forestiers, dans les mêmes formes que pour les bois de l'État, et en présence du maire ou d'un adjoint pour les bois des communes, et d'un des administrateurs pour ceux des établissements publics, sans toutefois que l'absence des maires ou administrateurs, dûment appelés, entraîne la nullité des opérations. — Toute vente ou coupe effectuée par l'ordre des maires des communes ou des administrateurs des établissements publics, en contravention au présent article, donnera lieu contre eux à une amende qui ne pourra être au-dessous de trois cents francs, ni excéder six mille francs, sans préjudice des dommages-intérêts qui pourraient être dus aux communes ou établissements propriétaires. — Les ventes ainsi effectuées seront déclarées nulles.

ART. 101. Les incapacités et défenses prononcées par l'article 21 sont applicables aux maires, adjoints et receveurs des communes, ainsi qu'aux administrateurs et receveurs des établissements publics, pour les ventes des bois des communes et établissements dont l'administration leur est confiée. — En cas de contravention, ils seront passibles des peines prononcées par le paragraphe 1er de l'article précité, sans préjudice des dommages-intérêts, s'il y a lieu, et les ventes seront déclarées nulles.

ART. 102. Lors des adjudications des coupes ordinaires et extraordinaires des bois des établissements publics, il sera fait réserve en faveur de ces établissements, et suivant les formes qui seront prescrites par l'autorité administrative, de la quantité de bois, tant de chauffage que de construction, nécessaire pour leur propre usage. — Les bois ainsi délivrés ne pourront être employés qu'à la destination pour laquelle ils auront été réservés, et ne pourront être vendus ni échangés sans l'autorisation du préfet. Les administrateurs qui auraient consenti de pareilles ventes ou échanges seront passibles d'une amende égale à la valeur de ces bois, et de la restitution, au profit de l'établissement public, de ces mêmes bois ou de leur valeur. Les ventes ou échanges seront en outre déclarés nuls.

ART. 104. Les actes relatifs aux coupes et arbres délivrés en nature, en exécution de l'article 102, seront visés pour timbre et enregistrés en débet, et il n'y aura lieu à la perception des droits que dans le cas de poursuites devant les tribunaux.

ART. 106. Pour indemniser le gouvernement des frais d'administration des bois des communes ou établissements publics, il sera ajouté annuellement à la contribution foncière établie sur ces bois une somme équivalente à ces frais (1).

Art. 107. Moyennant les perceptions ordonnées par l'article précédent, toutes les opérations de conservation et de régie dans les bois des communes et des établissements publics seront faites par les agents et préposés de l'administration forestière, sans aucuns frais. — Les poursuites, dans l'intérêt des communes et des établissements publics, pour délits et contraventions commis dans leurs bois, et la perception des restitutions et dommages-intérêts prononcés en leur faveur, seront effectuées sans frais par les agents du gouvernement, en même temps que celles qui ont pour objet le recouvrement des amendes dans l'intérêt de l'État. En conséquence, il n'y aura lieu à exiger à l'avenir des communes et établissements publics, ni aucun droit de vacation, d'arpentage, de réarpentage, de décime, de prélèvement quelconque, pour les agents et préposés de l'administration forestière, ni le remboursement, soit des frais des instances dans lesquelles l'administration succomberait, soit de ceux qui tomberaient en non-valeurs par l'insolvabilité des condamnés.

Art. 108. Le salaire des gardes particuliers restera à la charge des communes et des établissements publics.

Art. 109. Les coupes ordinaires et extraordinaires sont principalement affectées au paiement des frais de garde, de la contribution foncière et des sommes qui reviennent au Trésor en exécution de l'article 106. — Si les coupes sont délivrées en nature pour l'affouage, et que les communes n'aient pas d'autres ressources, il sera distrait une portion suffisante des coupes, pour être vendue aux enchères avant toute distribution, et le prix en être employé au paiement desdites charges.

Art. 110. Dans aucun cas, et sous aucun prétexte, les habitants des communes et les administrateurs ou employés des établissements publics ne peuvent introduire ni faire introduire dans les bois appartenant à ces communes ou établissements publics des chèvres, brebis ou moutons, sous les peines prononcées par l'article 199 contre ceux qui auraient introduit ou permis d'introduire ces animaux, et par l'article 78 contre les pâtres ou gardiens. — Cette prohibition n'aura son exécution que dans deux ans, à compter du jour de la publication de la présente loi, dans les bois où nonobstant les dispositions de l'ordonnance de 1669 le pâturage des moutons a été toléré jusqu'à présent. — Toutefois le pacage des brebis ou moutons pourra être autorisé dans certaines localités par des décrets spéciaux.

Art. 111. La faculté accordée au gouvernement, par l'article 63, d'affranchir les forêts de l'État de tous droits d'usage en bois est applicable, sous les mêmes conditions, aux communes et aux établissements publics pour les bois qui leur appartiennent.

Art. 112. Toutes les dispositions de la huitième section du titre III, sur l'exercice des droits d'usage dans les bois de l'État, sont applicables à la jouissance des communes et des établissements publics dans leurs propres bois,

(1) Voir loi du 25 juin 1841, article 5.

ainsi qu'aux droits d'usage dont ces mêmes bois pourraient être grevés, sauf les modifications résultant du présent titre, et à l'exception des articles 61, 73, 74, 83 et 84.

TITRE VII

Des bois et forêts indivis qui sont soumis au régime forestier.

Art. 113. Toutes les dispositions de la présente loi, relative à la conservation et à la régie des bois qui font partie du domaine de l'État, ainsi qu'à la poursuite des délits et contraventions commis dans ces bois, sont applicables aux bois indivis mentionnés à l'article 1er, paragraphe 6, de la présente loi, sauf les modifications portées par le titre VI pour les bois des communes et des établissements publics.

Art. 114. Aucune coupe ordinaire ou extraordinaire, exploitation ou vente, ne pourra être faite par les possesseurs copropriétaires, sous peine d'une amende égale à la valeur de la totalité des bois abattus ou vendus ; toutes ventes ainsi faites seront déclarées nulles.

Art. 115. Les frais de délimitation, d'arpentage et de garde seront supportés par le domaine et les copropriétaires, chacun dans la proportion de ses droits.

L'administration forestière nommera les gardes, règlera leur salaire, et aura seule le droit de les révoquer.

Art. 116. Les copropriétaires auront dans les restitutions et dommages-intérêts la même part que dans le produit des ventes, chacun dans la proportion de ses droits.

TITRE X

Police et conservation des bois et forêts.

SECTION PREMIÈRE

Dispositions applicables à tous les bois et forêts en général.

Art. 144. Toute extraction ou enlèvement non autorisé de pierres, sable, minerai, terre ou gazon, tourbes, bruyères, genêts, herbages, feuilles vertes ou mortes, engrais existant sur le sol des forêts, glands, faînes et autres fruits ou semences des bois et forêts, donnera lieu à des amendes qui seront fixées ainsi qu'il suit :

Par charretée ou tombereau, de dix à trente francs pour chaque bête attelée;

Par chaque charge de bête de somme, de cinq à quinze francs;

Par chaque charge d'homme, de deux à six francs.

Il pourra, en outre, être prononcé un emprisonnement de trois jours au plus.

Art. 145. Il n'est point dérogé au droit conféré à l'administration des ponts et chaussées d'indiquer les lieux où doivent être faites les extractions de matériaux pour les travaux publics; néanmoins, les entrepreneurs seront tenus envers l'État, les communes et établissements publics, comme envers les particuliers, de payer toutes les indemnités de droit, et d'observer toutes les formes prescrites par les lois et règlements en cette matière.

TITRE XII

Des peines et condamnations pour tous les bois et forêts en général.

Art. 192. La coupe ou l'enlèvement d'arbres ayant deux décimètres de tour et au-dessus donnera lieu à des amendes qui seront déterminées dans les proportions suivantes, d'après l'essence et la circonférence des arbres.

Les arbres sont divisés en deux classes :

La première comprend les chênes, hêtres, charmes, ormes, frênes, érables, platanes, pins, sapins, mélèzes, châtaigniers, aliziers, noyers, sorbiers, cormiers, merisiers et autres arbres fruitiers.

La seconde se compose des aunes, tilleuls, bouleaux, trembles, peupliers, saules, et de toutes les espèces non comprises dans la première classe.

Si les arbres de la première classe ont deux décimètres de tour l'amende sera de un franc par chacun de ces deux décimètres, et s'accroîtra ensuite progressivement de dix centimes par chacun des autres décimètres.

Si les arbres de la seconde classe ont deux décimètres de tour l'amende sera de cinquante centimes par chacun de ces deux décimètres, et s'accroîtra ensuite progressivement de cinq centimes par chacun des autres décimètres.

La circonférence sera mesurée à un mètre du sol.

Il pourra, en outre, être prononcé un emprisonnement de cinq jours au plus, si l'amende n'excède pas quinze francs, et de deux mois au plus si l'amende est supérieure à cette somme.

Art. 199. Les propriétaires d'animaux trouvés de jour en délit dans les bois de dix ans et au-dessus seront condamnés à une amende de :

Un franc pour un cochon ;

Deux francs pour une bête à laine ;

Trois francs pour un cheval ou autre bête de somme ;

Quatre francs pour une chèvre ;

Cinq francs pour un bœuf, une vache ou un veau.

L'amende sera double si les bois ont moins de dix ans ; sans préjudice, s'il y a lieu, des dommages-intérêts.

Art. 207. Les peines que la présente loi prononce, dans certains cas spéciaux, contre des fonctionnaires ou contre des agents et préposés de l'administration forestière sont indépendantes des poursuites et peines dont ces fonctionnaires, agents ou préposés seraient passibles d'ailleurs pour malversation, concussion ou abus de pouvoir.

Il en est de même quant aux poursuites qui pourraient être dirigées, aux termes des articles 179 et 180 du code pénal, contre tous délinquants ou contrevenants, pour fait de tentative de corruption envers des fonctionnaires publics, et des agents et préposés de l'administration forestière.

FIN DU CODE FORESTIER.

TABLE GÉNÉRALE DES MATIÈRES

A

B

C

D

E

F

G

H

I

L

M

N

O

P

Q

R

S

T

FIN DE LA TABLE.

Paris. — Impr. Jousset et Aubé, rue de Furstenberg, 8.

PARIS.— IMPR. G. JOUSSET, 8, RUE DE FURSTENBERG

www.ingramcontent.com/pod-product-compliance
Ingram Content Group UK Ltd.
Pitfield, Milton Keynes, MK11 3LW, UK
UKHW021046230726
13926UKWH00004B/1678